슬기로운 중년 생활을 위한

셀-프 문답

엄마 마음 탐구생활

저자 이소 인문상담소(김성연, 김지향, 정춘화. 이철승)

YoungJin.com Y.
영진닷컴

슬기로운 중년 생활을 위한 셀-프 문답

엄마 마음 탐구생활

ISBN 978-89-314-6168-8

독자님의 의견을 받습니다

이 책을 구입한 독자님은 영진닷컴의 가장 중요한 비평가이자 조언가입니다. 저희 책의 장점과 문제점이 무엇인지, 어떤 책이 출판되기를 바라는지, 책을 더욱 알차게 꾸밀 수 있는 아이디어가 있으면 팩스나 이메일, 또는 우편으로 연락주시기 바랍니다. 의견을 주실 때에는 책 제목 및 독자님의 성함과 연락처(전화번호나 이메일)를 꼭 남겨 주시기 바랍니다. 독자님의 의견에 대해 바로 답변을 드리고, 또 독자님의 의견을 다음 책에 충분히 반영하도록 늘 노력하겠습니다.

이메일 : book2@youngjin.com

주 소 : (우)08505 서울시 금천구 가산디지털2로 123 월드메르디앙벤처센터2차 10층 1016호
　　　 (주) 영진닷컴
　　　 파본은 구입하신 곳에서 교환해 드립니다.

STAFF

저자 이소 인문상담소(김성연, 김지향, 정춘화, 이철승) | **총괄** 이혜영 | **기획** 정나연 | **디자인 · 편집** 박지은
영업 박준용, 임용수, 김도현 | **마케팅** 이승희, 김근주, 조민영, 김예진, 이은정 | **제작** 황장협
인쇄 제이엠

슬기로운 중년 생활을 위한

셀-프 문답

엄마 마음 탐구 생활

저자 이소 인문상담소(김성연, 김지향, 정춘화, 이철승)

YoungJin.com Y.
영진닷컴

사랑하는   에게

"엄마!"라고만 불러도 모든 것을 해결해주던 엄마를
커서도 마냥 믿고 의지하려고만 했었던 것 같아요.
때론 지치고 힘들어하시는 모습에 걱정되긴 했지만,
왜 그러시는지, 어떻게 위로를 해야 할지 잘 모르겠더라고요.
그저 바쁘다는 핑계로 계속 대화할 기회를 놓친 것 같아요.

지금까지 저를 지켜봐 주신 것처럼,
이제는 제가 엄마의 든든한 지원군이 되어 드리고 싶어요.
'누군가의 엄마'가 아닌 한 사람으로서
과거와 현재 그리고 마음속 바람이 그려나갈 미래를
솔직하게 써 내려가 주세요.

이 세상에 하나뿐인 엄마의 삶에 어떤 반짝임이 숨어있는지,
또 그것은 어떤 색깔인지, 자신만의 이야기를 들려주세요.

엄마를 사랑하고 존경하는 마음을 담아,
든든한 지원군 ＿＿＿＿＿＿ 드림

이소 소개

    이소 인문상담은 상담전문가와 교육전문가들이 모여 설립한 인문상담소로서, 청소년·청년·중년 및 학생과 부모를 대상으로 자체 개발한 소그룹 상담 프로그램을 운영하고 있습니다.

    인문상담은 철학, 문학 등 인문학 텍스트를 활용하여 우리가 당면한 현실의 과제를 포괄적이고도 실존적으로 다룹니다. 자유로운 대화와 질문을 통해서 우리가 지금까지 당연하고 확실하다고 여겨왔던 생각들이 실제로는 명확히 이해되지 않은 채 방치되어 있음을 알 수 있으며, 이들이 삶의 저변을 왜곡시켜 또 다른 문제의 근원으로 작용함을 깨닫게 됩니다. 인문상담은 이 과정에서 삶의 지혜를 찾고, 개인의 고유한 서사가 품고 있는 창조적 의지가 발현되도록 도와줍니다.

    이소 인문상담에서는 '자기 돌봄'을 통한 삶의 지혜를 추구합니다. 일상 속에 있는 근원적인 단서를 찾아내 사유와 실천이 주체적으로 통합되도록 한다면, 개인이 가진 고유의 본성을 회복할 수 있습니다. 우리 각자가 삶의 주체로 단단히 서서 자신의 역할과 선택이 가지는 의미들을 명확하게 이해하기를 바랍니다.

    이소 인문상담에 대한 더욱 자세한 내용 및 이소인(人) 프로필은 당사 홈페이지 (http://www.eeso.kr)에서 확인할 수 있습니다.

머리말

중년의 지인에게서 "노년기에 들어선 것 같다."라는 말을 들었습니다. 소모되고 지쳐버린 자신이 안쓰럽다고 하더군요. 지금의 중년 세대는 전쟁과 빈곤을 경험한 부모 세대의 기대를 짊어지고 정치적·경제적 성장을 위해 청춘을 바친 세대입니다. 노력의 결과로 물질적 풍요는 누렸으나 그 후에 찾아온 정신적인 공허함에는 무방비하게 놓인 세대이기도 합니다.

삶에 지쳐 방전되었다고 느낄 때, 어떻게 회복해야 할지 몰라 막막해하는 이들이 많습니다. 당혹스러운 마음에 우선 '괜찮은 척', '센 척'을 해보지만, 사실 속마음은 예전보다 더 쉽게 상처받고, 그 상처를 치유할 힘도 예전 같지 않음을 느끼지 않으셨나요?

〈엄마 마음 탐구생활〉은 이러한 변화를 겪는 중년 세대에게 도움이 될 다양한 주제를 담았습니다. 현실에서 놓치고 있던 삶의 주요 주제들을 성찰함으로써 새로운 시선을 발견하도록 다양한 질문과 활동이 준비되어 있습니다. 질문에 답하는 과정에서 자신의 내면을 찬찬히 살펴봄으로써 세상과 원활하게 소통하는 법을 알아갈 수 있도록 구성했습니다.

마음을 돌본다는 것은 마음의 비타민을 챙기는 것과 같습니다. 우리가 몸에 필요한 비타민을 골라 섭취하듯, 내 마음을 살피고 돌볼 때 비로소 성숙한 중년의 여유를 회복할 수 있을 것입니다. 많은 분이 이 책을 통해 '건강한 나이 듦(good aging)'을 실천해나가길 기대합니다.

- 저자일동 -

마음 탐구생활 안내서

마음 탐구생활은 총 15장으로 구성되어 있습니다. 각 장을 마치기 위한 시간으로 30분 정도를 권장합니다. 설정된 대화 상대와 함께 하루에 한 장씩 해나가면 15일 만에 완성할 수 있습니다. 활동 계획을 세운 후, 활동 기록장에 대화한 날짜를 기록 해보세요.

1 ~ 6장 : 자녀의 물음에 답해보세요.

자녀의 질문에 답을 해나가는 형식으로, 과거와 현재의 나에 관해 이야기해봅니다. 나의 모습을 회상하며, 미처 알아채지 못했던 나의 욕구와 바람을 만나보는 시간입 니다.

7 ~ 10장 : 배우자와 대화해보세요.

결혼생활과 사회생활에서 드러난 사랑과 갈등에 대해, 그리고 소통과 공존에 대해 살펴봅니다.

11 ~ 15장 : 자신에게 물어보세요.

내가 중요하게 여기는 가치를 확인하고, 자기실현에 한발 다가서는 방법을 찾아봅니 다. 또한, 선택할 수 있는 용기와 자기 돌봄에 대해 살펴봅니다.

요즘의 내 모습이 왠지 낯설게 느껴지나요? 스스로가 낯설게 느껴지는 마음을 잘 헤아리고 이해할 수 있도록 마음 탐구생활이 함께 하겠습니다.

활동 기록장
☑ CHECK LIST

진도	활동 계획		확인	진도	활동 계획		확인
1장	월	일		9장	월	일	
2장	월	일		10장	월	일	
3장	월	일		11장	월	일	
4장	월	일		12장	월	일	
5장	월	일		13장	월	일	
6장	월	일		14장	월	일	
7장	월	일		15장	월	일	
8장	월	일		기록장 완성!			

♥ 계획을 실천하고 약속을 잘 지킵시다.

엄마 마음 탐구생활 목차

1장

당신은 누구인가요?

사시사철 나는
할 말을 못하여 몸살이 난다
비밀을 간직하고 있다는 얘기는 아니며
다만 절실한 것은 말이 되어 나오지 않았다
그 절실한 것은
대체 무엇이었을까
행복……
애정……
명예……
권력……
재물……
아무리 생각해 보아도 그런 것은 아닌 것 같다
그러면 무엇일까
실상 무엇인지 알지 못하는 바로 그것이
가장 절실한 것이 아니었을까
가끔 머릿 속이 사막같이 텅 비어버린다
사물이 아득하게 멀어져 가기도 하고
시간이 현기증처럼 지나가기도 하고
그게 다 이 세상에 태어난 비밀 때문이 아닐까

© 박경리, 「비밀」, 『버리고 갈 것만 남아서 참 홀가분하다』 (마로니에북스, 2008)

우리는 잠시도 쉬지 않고 무언가를 생각합니다.

찰나에도 오만가지의 생각을 한다고 하지요.

그중 나에게 정말 필요한 생각은 몇 가지나 될까요?

자기 생각을 조절하고 관리할 수 있다면,

우리는 자기 삶의 주인으로 살아갈 수 있을 것입니다.

수시로 다시 찾아오는 얄미운 잡념들과

그로 인해 제대로 집중하지 못했던

꿈들이 우리의 마음을 어지럽게 만드는 것은 아닐까요?

엄마가 앞으로 가꿔나가고 싶은 생각과

사진첩에 담아두고 싶은 생각들을 정리하며

풍요로운 중년에서 여유로운 노년까지를 함께 준비해보고자 합니다.

미래에 대한 자기 예언은

피그말리온의 기도처럼 이루어질 거예요.

인생길을 돌아보며 함께 걸어보아요.

질문.1

인생의 길 위에 엄마는 지금 어디쯤에 있나요?

Q. 나의 인생에서 중요했던 사건들을 길 위에 표시해보세요.

Q. 삶의 각 시기에 불린 호칭(별명) 중에서, 가장 만족스러웠던 호칭은 무엇인가요?

Q. 앞으로의 인생에 어떤 일이 일어날 것으로 예상하나요? 길 위에도 표시해보세요.

Q. 예상한 자신의 미래를 떠올리며, 앞으로 얻을 새로운 호칭(별명)은 무엇일지 상상해
보세요.

질문.2 엄마 스스로를 표현해볼까요?

엄마의 생활, 꿈, 역할, 바람, 정체성 등 엄마의 다양한 모습들을 떠올리며
형용사, 명사, 동사로 표현해봅니다.

형용사	명사	동사
예) 부지런한	예) 여자	예) 운동한다

Q. 각 칸에서 가장 마음에 드는 단어를 하나씩 골라 동그라미 쳐봅니다. 나를 알아가
는 작업은, '지금 이 순간'에 느끼고 생각하는 '나'로부터 출발합니다.

질문.3

엄마가 만난 중년기에 대해 표현한다면?

"나에게 중년기는 [   ] 다."
왜냐하면...

A.

_____

_____

_____

_____

_____

_____

_____

_____

_____

조부모와 본인 그리고 자녀까지 여러 세대 사이에서 어떻게 절충점을 찾아가고 있나요?

삶의 방식이나 문화 등 어떤 세대 차이를 느끼고 있는지 적어주세요.

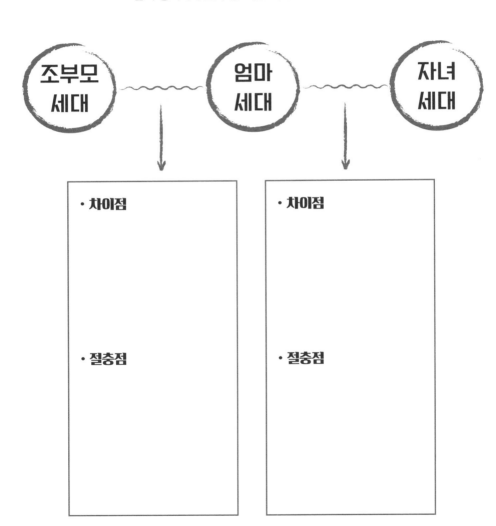

| 조부모 세대 | 엄마 세대 | 자녀 세대 |

· 차이점

· 절충점

· 차이점

· 절충점

자기 생애 주기표

생애 발달 단계별로 나이와 단계별 특징을 기록해봅니다. 그 시기를 상징하는 나만의 새로운 이름도 지어, 주기명에 적어보세요.

나이	단계	나의 특징(주요 사건, 활동, 변화)	주기명
수태~출생	태내기	예) 뱃속에서 무럭무럭 컸음	
~	영•유아기		
~	아동기		
~	청소년기		
~	청년기		
~	성년기		
~	중년기		
~	노년기		

부모님도 살피고 자녀도 챙기며 살아가는 중년, 현재 중년기를 맞은 엄마 세대는 전통과 변화를 동시에 수용해야 하는 세대입니다. 그 틈에서 삶의 균형을 잡아야 하죠. 가족으로 해야 하는 역할과 자아실현 사이에서 어떻게 균형을 잡고 세대 차이를 극복하고 계신가요?

개인과 가족 구성원 그리고 사회 구성원으로 살아가는 한 사람의 생애 주기는 가족과의 만남으로 출발하여 개인으로 성장하고, 사회생활을 하며 새로운 가족을 형성하는 단계를 밟아갑니다. 단계마다 요구와 기대, 역할 등이 달라지기 때문에 생애 주기를 이해하는 것은 중요합니다.

일반적으로 학자들이 제시하는 '인간발달 주기'는 포괄적이고 피상적이지만, 자가 생애 주기표를 이용하면 자신이 경험한 생애 단계를 직접 기록하며 나와 내 가족의 변화를 구체적으로 확인할 수 있습니다.

'자가 생애 주기표'를 활용해 여러분이 수십 년간의 활동을 통해 쌓은 경험과 지혜를 정리해보세요. 나의 개인적 특징은 물론 주변인들과 연결된 나의 삶도 폭넓게 조망해 볼 수 있습니다. 자신의 생애 단계별 변화 내용에 대해 명확히 인식하게 되면 좀 더 수월하게 미래에 대한 방향을 설정할 수 있을 것입니다.

중년기는 사계절 중에서 가을에 비유되곤 합니다. 가을은 에너지 넘치는 분주한 여름을 지내고 결실과 수확의 계절을 맞이하여, 겨울을 준비하는 시기이죠. 인생의 경우에도 중년기는 삶의 여러 측면에서 비교적 안정적인 상태이지만 활동은 점점 줄어드는 시기로, 이 시기의 남녀는 노화나 질병, 사별, 은퇴 등을 경험하며 신체적, 정신적, 사회적 변화를 동시에 겪습니다.

이에 따라 삶에 대한 재평가가 진행되어 지금까지의 자신의 활동을 돌아보고, 일상적으로 유지해오던 삶의 구조가 바뀌며, 동시에 삶의 목표도 성취지향에서 의미 지향적으로 전환되는 양상을 보이게 됩니다. 그 과정에서 다음 세대에게 삶의 경험을 전수하는 역할을 하는 것이 중년기입니다.

중년기에 남성은 신체적 변화로 인해 나이 듦을 인식하고, 가족 관계의 어려움, 직장 생활로부터의 이탈에 대한 두려움, 노년에 대한 부담감 등을 느낍니다. 여성 또한 마찬가지로 신체적 변화로 인한 어려움을 겪고, 자녀의 독립으로 인한 가족 구조의 변화에 잘 적응하지 못하기도 합니다.

이러한 과정에서 많은 이들이 실존적 공허감을 느끼고 정신건강에도 큰 영향을 받게 됩니다. 이렇게 중년기는 공허함을 크게 느낄 수밖에 없는 시기이므로 중년의 건강한 삶은 개인의 과제인 동시에 사회적 과제라고 볼 수 있습니다. 여러분의 중년기는 어떠한가요? 중년기의 공허감 또는 수많은 감정 변화는 나이 듦에 따라오는 자연스런 현상의 일부이므로 너무 걱정하지 않으셔도 됩니다.

2장

엄마의 어린 시절이
궁금해요.

아빠하고 나하고 만든 꽃밭에
채송화도 봉숭아도 한창입니다.
아빠가 매어 놓은 새끼줄 따라
나팔꽃도 어울리게 피었습니다.

애들하고 재밌게 뛰어놀다가
아빠 생각나서 꽃을 봅니다
아빠는 꽃 보며 살자 그랬죠
날 보고 꽃같이 살자 그랬죠

ⓒ 어효선 작사, 권상길 작곡, 「꽃밭에서」 (서정동요, 1953)

사람들이 무심코 선택하는 것들을 보면,

오래된 기억을 불러오는 것들이 많다고 해요.

어쩌면 우리는 자신도 모르게

아련하고 따뜻한 기억을 찾게 되나 봅니다.

어린 시절 엄마의 가족, 친구, 학교생활은 어땠나요?

내가 어린 시절 뛰놀고 다치면서 커왔던 것처럼

엄마도 할머니의 속을 썩이며 자랐나요?

사랑스럽고 천진난만했을

엄마의 어린 시절에 대해 알고 싶어요.

내가 모르는 엄마의 어린 시절이 어쩌면

엄마의 삶에서 아주 중요한 부분일지도 모르니까요.

엄마가 자란 집의 분위기는 어땠나요?

아래의 다양한 예를 참고하여 당시의 집 분위기를 나타내는 수식어를 집 그림 안에 적어보세요.

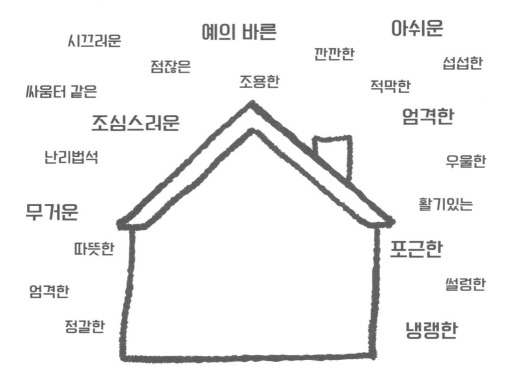

시끄러운   예의 바른   아쉬운

점잖은   깐깐한   섭섭한

싸움터 같은   조용한   적막한

조심스러운   엄격한

난리법석   우울한

무거운   활기있는

따뜻한   포근한

엄격한   썰렁한

정갈한   냉랭한

Q. 그 분위기 속에서 엄마는 기분(행동, 느낌)은 주로 어땠나요?

Q. 그 집에서 지내던 엄마는 어떤 모습이었나요?

그 시절 엄마가 주로 함께 시간을 보낸 사람은 누구였나요?

단어를 보고 생각나는 사람과, 그때 무엇을 하고 있었는지 떠올려보아요.

Q. 편안했던

Q. 재밌던

Q. 외로웠던

Q. 힘들었던

Q. 슬펐던

Q. 즐거웠던

엄마는 가족 중 누구를 닮았나요?

가족	닮은 사람	닮은 점
성격		
외모		
소질		

Q. 닮아서 좋은 점이 있다면 무엇인가요?

Q. 닮아서 아쉬운 점도 있나요?

Q. 누구의 어떤 점을 닮고 싶었나요?

어릴 적 엄마는 커서 무엇이 되고 싶었나요?

차례대로 말풍선을 채워보세요.

_____ 도 되고 싶었고,

_____ 도 되고 싶었고,

_____ 도....

되고 싶었던 이유는?

그래서 나는 이런 시도도 했었어

기억에 남는 거짓말이 있다면 무엇인가요?

질문.5

내가 했던 거짓말:

누구에게:

어떤 상황에서:

내가 했던 말:

Q. 거짓말을 통해 피하고 싶었던 것(또는 상황)은 무엇이었나요?

Q. 거짓말을 할 당시 엄마의 마음은 어땠나요?

Q. 거짓말을 하던 어린 시절의 엄마에게 지금 해주고 싶은 말이 있나요?

탐구 활동

어린 시절 주위 사람들이 나에게 했던 말

아직도 기억나는 말, 많이 들었던 말을 말풍선에 채워주세요.

Q. 가장 듣기 좋았던 말은 누구의, 어떤 말이었나요?

Q. 엄마의 마음에 지금까지도 깊이 남아있는 말은 무엇인가요?

개개인은 서로 다른 환경에서 성장하며 자신만의 경험을 쌓아갑니다. 내 어린 시절의 어떤 경험을 그 자리에서 함께했던 사람들과 나누다 보면, 당시 실제 벌어진 사건과 각자 기억하는 내용이 다를 때도 있습니다. 이는 실제 사건이 각자의 주관적 세계 속에서 각각 다르게 해석되기 때문입니다.

나를 알아가는 첫걸음으로서 기억 속 경험을 면면히 살펴보는 작업은 중요한 의미를 지닙니다. 어린 시절에 대한 기억은 자기 개념을 발달시켜 온 과정을 보여주기도 하고, 현재의 자신의 모습을 비춰주기도 하기 때문입니다. 그래서 어린 시절 철부지였던 아이의 행동을 받아주는 누군가의 역할은 중요합니다. 이제 마음속의 그 아이에게 말을 걸어 주세요.

"괜찮아, 다 잘 될 거야, 걱정하지마, 너를 믿어."

심리학 탐구

어떤 것을 어떻게 기억하는가는 경험의 주체인 '자기(self)'의 개념과 밀접하게 연관되어 있습니다. '자기'는 태어나면서부터 형성되기 시작하여, 세상을 이해하고 세상에 적응하며 주어진 삶을 변화시켜나가는 인생의 모든 과정을 통해 발달합니다.

무엇을 중요하게 생각하는지, 자신을 어떤 사람으로 여기는지, 어떻게 살기를 원하는지, 타인에 대해 어떤 감정을 느끼는지… 이 모든 것들을 '자기'가 관장합니다. 우리는 이렇게 형성된 '자기'를 통해 '나'와 '타인', '세상'을 구분하고, 연결합니다.

있는 그대로의 사실은 기록될 뿐 기억되지 않습니다. 일반적으로 과거는 '현재'의 관점에서 보는 과거입니다. 자유롭고 성숙한 현재의 내가 보는 과거는, 어떤 사건이 발생했던 그 순간에서의 인식과 다릅니다. 같은 경험을 가지고도 다르게 기억하는 경우처럼 경험은 그때그때의 '자기'의 관점으로 해석되기 때문에 늘 새롭게 해석될 가능성이 남아있습니다.

만약 어릴 때 느꼈던 특정한 두려움이 현재까지 영향을 미치고 있다면, 기억 속 사건을 떠올리고, 그 경험을 의식화하는 작업을 시도해보세요. 이제는 어리지 않으니까요. 어린 시절에는 두려움을 느꼈을지라도 성숙한 지금의 나는 충분히 이겨낼 수 있을 것입니다.

　어린 시절을 천천히 되짚어보며 어린시절의 '나'를 마주하는 과정을 통해 과거의 어떤 점이 지금 내 모습의 어떤 부분을 형성했는지 생각해보고 나의 과거를 위로하는 시간을 가져보세요.

3장

엄마는
어떤 아이였나요?

하지만 그럴 수는 없어.
나의 이런 심정을 드러낼 수가 없어.
사람들이 자신들이 내게 남긴 상처를 들여다보게 할 수는 없어.
사람들의 동정이나 조롱 섞인 친절은 참기 어려울 거야.
그런 꼴을 보면 난 다시 소리를 지르고 말 거야.

모두들 내가 말을 하면 잘난 체한다고 하고,
아무 말도 없으면 가소롭게 보고,
대답을 하면 버릇이 없다고 하고,
좋은 아이디어를 내면 교활하다고 하고,
피곤하면 게으름뱅이라 하고,
한 숟갈이라도 더 먹을라치면 이기주의자라 하고,
어리석고 비겁하고 계산적이고 어쩌고저쩌고…….

나는 내가 지긋지긋한 아이라고 하는 소리를 하루 종일 듣고 있어.
그런 소리를 들을 때 나는 마치 전혀 신경쓰지 않는다는 듯이 웃지만
사실은 정말 고통스러워

누구나 특별하고 개성 넘치는 존재로 살아가기를 원하죠.

하지만 그런 특별한 존재가 되길 원하는 어린 소녀를

이해해주거나 존중해주는 어른들은 많지 않은 것 같아요.

어린 시절의 엄마도 누군가에게 이해받기를 바랐었나요?

그 당시를 떠올리며 엄마의 옛날이야기를 들려주세요.

그 시절 엄마의 이야기를 들으면

엄마에 대해 좀 더 깊이 이해할 수 있을 것 같아요.

엄마는 어렸을 때 어떤 아이였어요?

동그라미 치거나 괄호에 내용을 추가하여 소녀였던 엄마를 표현해주세요.

나는

친절한 눈치 없는 고집 센 아줌마 같은 귀여운

말괄량이 같은 당돌한 말라깽이 개구진

새침데기 정의로운 모범생 옷을 잘 입는 순진한 애교 많은

사랑스러운 드센 말이 많은 (   )을 잘하는 잘 우는

말 잘 듣는 (   )을 좋아하는 변덕스러운 공부 잘하는

순한 예쁜 까칠한 까무잡잡한 깔끔쟁이 키 큰

(   )을 싫어하던 말이 없는 잘 토라지던

아이였지!

어릴 때 재미있게 했던 놀이나 열심히 했던 활동, 인상 깊은 장면은 무엇인가요?

당시를 떠올리며 엄마의 느낌을 구체적으로 표현해보세요.

- 예시 -
만화책을 볼 때 나는 해방감을 느꼈어.
피아노를 칠 때 나는 세상에 나밖에 없는 것처럼 느껴지더라.
중3 때 친구와 함께 소나기를 맞았을 때, 마치 속이 뻥 뚫리는 것 같았지.

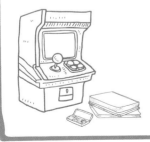

엄마의 기억 속에 '차별'로 남아있는 경험을 떠올려봅니다.

Q. 차별이라고 느낀 경험에는 어떤 것이 있나요?

Q. 차별을 당했다고 느낀 이유는?

Q. 차별을 겪은 후 마음은 어땠나요?

Q. 그 경험이 엄마에게 어떤 영향을 주었나요?

어릴 적의 걱정거리나 고민을 만나봅니다.

Q. 그 시절 어떤 걱정거리나 고민이 있었나요?

_____

_____

Q. 걱정거리나 고민을 해결하는 데에 어떤 도움이 필요했었나요?

_____

_____

Q. 걱정거리나 고민을 어떻게 해결했나요?

_____

_____

Q. 그때의 자신을 떠올리면 어떤 마음이 드나요?

_____

_____

질문.5

지금까지 다양한 인생 경험을 하면서 알게 된 자신의 특성은 무엇인가요?

성장 과정에서 발달시켜온 나만의 사소하지만 좋은 점을 적어주세요.

Q. 발견한 특성

Q. 발달시켜온 나의 장점

인생의 감정 상자

인생 시기별로, 나의 희로애락의 감정과 연결되는 사람, 상황을 떠올려 적어봅니다.

감정	어린이	학생	어른
😊			
🙁			
😢			
😍			

Q. 시기별로 가장 강하게 느꼈던 감정은 무엇이었나요?

_____

_____

Q. 희로애락 외에 다른 감정이 떠올랐다면 그것도 자유롭게 써봅니다.

_____

_____

탐구활동 돌아보기

우리는 같은 시간, 같은 공간에서도 서로 다른 경험을 합니다. 이는 경험의 주체가 다르기 때문입니다. 세상과 타인을 경험하고 인식하는 주체는 '자기'이며, 그 누구도 다른 사람의 경험을 대신 해줄 수는 없습니다. 부모가 자식을 대신해서 살아줄 수도 없고, 친구나 배우자가 내 인생을 대신 살아줄 수도 없습니다. 그것이 바로, 누구나 고유하고 특별한 경험의 주체로서 존중받아야 하는 이유입니다.

어린 시절 성장 과정에서 경험한 차별에 대해 살펴보면 약자로서의 고유성이 드러납니다. 그리고 그 차별에는 개성 있고 존중받는 주체로 성장하기 위해 겪어야 하는 아픔이 담겨있습니다.

어린 시절 어른들의 억압으로 인해 감추어 두고 잊고 살아왔던 나만의 고유성에 대해 자각하게 되면, 그 차별적 경험은 오히려 자신과 타인을 위한 자원으로 쓰일 수 있습니다.

동화 속 미운 오리 새끼는 주변으로부터 차별받으며 자랍니다. 다르다는 이유만으로 따돌림을 당하고 그 와중에도 자신을 찾고 싶어 하지요. 우리는 일상 속에서 알게 모르게 차별을 겪습니다. 공부를 못해서, 가난해서, 성격이나 외모가 사람들의 기준과 달라서, 너무 강하거나 너무 약해서… 자신이 선택하지 않은 이런 것들이 이유가 됩니다.

차별을 경험하게 되면 처음에는 혼란스러워하다가 곧 익숙해지게 되고 결국, 차별을 불러오는 자신의 고유성을 감추고 일상적으로 자신을 억압하게 됩니다. 이때 생기는 마음이 바로 '열등감'입니다.

들키고 싶지 않은 마음, 공격받고 싶지 않은 마음, 인정받고 싶은 마음, 버려질까 두려워하는 마음 등 이런 마음들 모두가 열등감이라는 뿌리를 공유합니다. 자신을 열등한 존재로 인식하기 때문에 수치심과 죄책감을 만들어 자신을 적대시하고 타인을 경계하게 됩니다. 그 결과 자신의 성과도 실수도 받아들이지 못하는 것이지요.

하지만 이런 과정은 사람은 불완전한 존재이며 누구에게나 약점은 있다는 것을 말해줍니다. 우리의 약점은 현실에서 제약으로 작용하지만 알고 보면 극복해야 할 도전 과제에 지나지 않습니다.

눈에 보이는 약점보다, 오히려 눈에 보이지 않는 내면의 한계를 이기는 것이 더 큰 과제라고 할 수 있습니다. 미운 오리 새끼도 자신을 똑바로 이해하게 된 순간, 모든 한계를 이겨냈으니까요.

나의 고유성이 자원이 되는 상황을 떠올려보고, 함께하며 지지해주는 사람들과의 행복한 순간을 기억해보세요.

자신의 탁월성을 발견하세요!

4장

엄마의 하루는 안녕한가요?

사실 삶은 우리의 가장 큰 스승이라고 할 수 있다.
우리가 무엇을 하든지,
직장에서 일하든, 배우자와 이야기를 하든,
차를 몰고 고속도로를 달리든,
어떤 순간에도 우리는 배울 수가 있다.
우리가 매 순간 현재에 존재하면,
활동 중 늘 생생함과 활기를 갖게 되어 새로운 배움을 얻게된다.
반대로 현재에 존재하지 않으면
매 순간이 똑같이 느껴지며,
인생의 소중함이 주는 감동도 느낄 수 없을 것이다.

"In fact, life is our greatest teacher.
Whatever we are doing can be instructive,
whether we are at the office,
or talking to our spouse,
or driving a car on the freeway.
If we are present to our experiences,
the impressions of our activities will be fresh and alive,
and we will always learn something new from them.
But if we are not present,
every moment will be like every other,
and nothing of the preciousness of life will touch us."

ⓒ Don Richard riso & Russ Hudson, 「The Wisdom of The Enneagram」 (BANTAM BOOKS, 1999)

우리의 하루는 연속되는 돌발상황들과 긴장감으로 빼곡합니다.

일상에 불필요하게 느껴지는 것은 별로 없는데도

벌어지는 일에 따라 움직이다 보면,

내가 없으면 안 될 것 같은 기분이 들고,

그 번잡함 속에서 24시간은 짧기만 합니다.

그렇게 정신없이 살아가다가 갑자기 가버린 세월을 느낄 때,

시간이 야속하다는 마음이 들기도 하지요.

이제 엄마의 일상과 거리를 두고 마치 낯선 듯 바라보며,

현재에 온전히 머무는 경험을 해보면 어떨까요?

엄마는 자신의 일상에 얼마나 만족하나요?

일상이 우리에게 가르쳐주는 것이 있다면 무엇일까요?

같이 생각을 나눠보아요.

질문.1
아침에 일어났을 때, 가장 먼저 드는 생각은 무엇인가요?

상쾌한 아침을 맞이하고 있나요? 오늘 하루, 기대되는 것이 있나요?

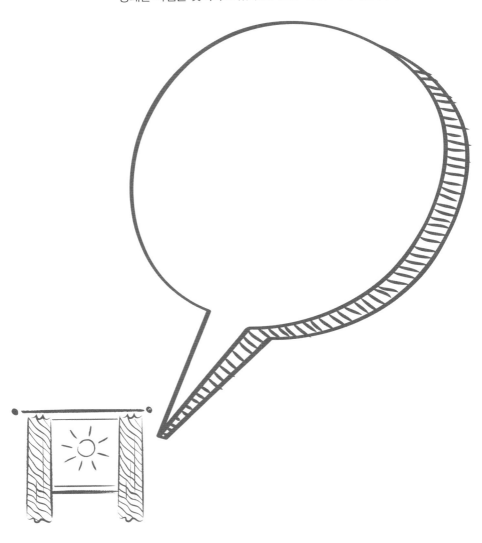

거울 속 엄마의 모습은 안녕한가요?

질문.2

Q. 거울을 볼 때 가장 먼저 눈길이 가는 곳은 어디인가요?

Q. 거울 속 엄마를 보면 어떤 생각이 드나요?

Q. 거울을 보며 다양한 표정을 지어보세요. 그 중 어떤 표정이 가장 익숙한가요?

Q. 내가 원하는 삶을 상상하며 그에 어울리는 표정을 지어본다면, 어떤 표정일까요?

엄마의 일상이 과거(5-10년 전)와 많이 달라졌나요?

최근의 일상과 5~10년 전의 일상을 하나씩 떠올려보고, 시간대별로 누구와 무엇을 하고 있었는지 적어봅니다.

나의 일상	최근의 일상	과거(5년~10년 전)의 일상
아침		
낮		
저녁		
밤		

요즘 엄마가 열정적으로 하는 일은 무엇인가요?

질문.4

최근 열정적으로 하는 일 5가지를 적고, 무엇을 위해 그 활동을 하고 있는지 지향점에 줄을 그어봅니다.(중복 선택 가능)

❶ ⬤   ⬤ 내가 좋아서

     ⬤ 상대를 위해

❷ ⬤

     ⬤ 더 나은 세상을 위해서

❸ ⬤

     ⬤ 나의 성장을 위해

❹ ⬤

     ⬤ 나의 건강을 위해

❺ ⬤

     ⬤ 생활의 안정을 위해

질문.5

오늘 하루를 천천히 되돌아봅니다.

Q. 오늘 했던 일 중 가장 뿌듯했던 일은 무엇인가요?

Q. 엄마의 오늘 하루를 한 문장으로 표현해 보세요.

Q. 오늘 하루를 보다 만족스럽게 마무리하려면 어떤 선택을 해야 할까요?

**탐구
활동**

요즘 엄마의 하루를 떠올려보고, 시간대별로
기분이 어떻게 변하는지 선으로 표시해주세요

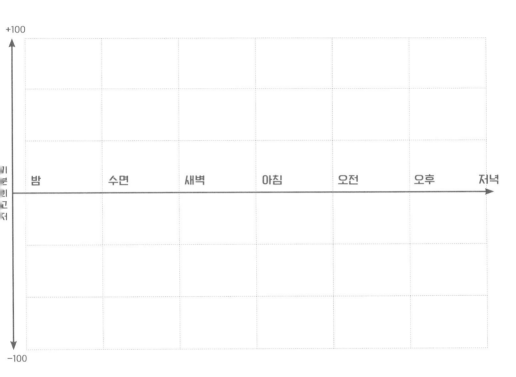

Q. 가장 컨디션이 좋은 시간대는 언제인가요? 그 시간에 엄마는 무엇을 하고 있나요?

Q. 가장 컨디션이 저조한 시간대는 언제인가요? 컨디션이 저조한 이유는 무엇일까요?

우리가 매 순간 하는 선택이 하루를 만들고, 그 하루들이 모여 세월 이 되고 삶이 됩니다. 우리가 만들어가는 하루를 잘 관찰해보면 정신없 이 반복되는 일상 속에 일종의 흐름이 있음을 알 수 있습니다. 시간대 혹 은 상황에 따라 미세하게 달라지는 컨디션 변화의 흐름을 파악하면 엄마 가 어떤 활동을 좋아하는지, 어떤 활동을 중요하게 생각하는지를 알 수 있을 거예요.

컨디션을 관찰해본 결과, 활력이 떨어졌다면 활동 장소나 활동 시간 대를 바꿔보는 것도 좋습니다. 활동 장소나 활동 시간대를 바꾸면 일상 의 고정된 틀이 깨지고, 몸은 긴장감을 느끼게 됩니다. 이 과정을 통해 몸과 마음이 깨어나게 되지요. 틀에 박힌 일상이 주는 매너리즘을 극복 할 수 있을 것입니다.

질문에 답하며 돌이켜본 나는 어떤 표정으로 매일을 보내고 있었나 요? 표정에는 삶이 담겨 있습니다. 어떤 표정을 하고 앞으로의 삶을 맞고 싶은가요? 일상의 흐름을 파악한 후 엄마 자신을 더 행복하게 만드는 일 상을 찾아갈 때, 엄마는 물론, 그런 행복한 엄마를 지켜보는 우리 가족까 지 더 즐겁고 행복할 거예요.

일상에서 존재하는 다양한 습관적 반응은 오랜 시간의 경험이 쌓여 만들어집니다. 특히 외부 자극에 대한 신체감각 및 행동의 반응은 원하는 보상을 얻었던 경험과 관련있습니다. 예를 들면, 시험을 앞두고 배탈이 나서 나쁜 성적을 받게 됐지만, 그 덕분에 질책을 면하는 보상을 받은 경우, 그러니까 질책을 피했던 경험이 있었다면 유사한 상황이 생겼을 때 몸에서 반복적으로 아프다는 신호(또는 반응)를 보낼 가능성이 크다는 것이죠.

같은 맥락으로 실패를 통해 깊은 좌절을 경험한 경우, 어떤 일을 시도함으로써 실패의 가능성을 만들기보다는, 도전을 아예 하지 않는 쪽을 선택하는 경우가 많아지게 됩니다.

우리에게는 이렇게 특정한 신호와 보상에 따라 일정한 반응이 만들어지도록 하는 자동적 사고체계가 존재합니다. 자동적 사고는 규칙적 운동을 가능하게 하거나 교통신호 규칙을 자연스럽게 지키게 하는 등의 긍정적 효과를 수반하지만, 경직된 자동적 사고를 바탕으로 하는 무의식적 반응은 에너지의 효율적 사용을 어렵게 하고, 합리적인 선택을 방해하는 경우가 많습니다.

이러한 무의식적인 반응은 인식하기가 쉽지 않으므로 우리가 자신의 어떤 '습관적 반응'을 바꾸고 싶다면 이와 관련된 '자동적 사고'를 먼저 찾고, 그것이 자신의 어떤 정서적인 경험과 연관되어 있는지 들여다봐야 합니다. 그 연결고리를 잘 찾아내기 위해서는 일상을 보다 자세히 분석하고 관찰할 필요가 있습니다.

당신의 '습관적 반응'은 무엇인가요? 어떠한 정서적 경험이 '자동적 사고'를 만들어 냈는지 생각해보세요.

5장

엄마의 마음에는
어떤 변화가 찾아왔나요?

새는 심장을 물고 날아갔어
창밖은 고요해
나는 식탁에 앉아있어
접시를 앞에 두고
거기 놓인 사과를 베어 물었지
사과는 조금 전까지 붉게 두근거렸어
사과는 접시의 심장이었을까
사과 씨는 사과의 심장이었을까
둘레를 가진 것들은
하루에도 몇 번씩 담겼다 비워지지
심장을 잃어버린 것들의 박동을
너는 들어본 적 있니?
둘레로 퍼지는 침묵의 빛
사과를 잃어버리고도
접시가 깨어지지 않은 것처럼
나는 식탁에 앉아 있어

(후략)

© 나희덕, 「새는 날아가고」 『야생사과』 (창비, 2009)

반복되는 일상은 우리를 편안하게 만들어주기도 하지만
지치게 만들기도 합니다.

지친 마음 때문에 중요한 것들을 놓쳐
후회할 때도 많지요.
편안하고 익숙한 것들 속에서 새로운 무언가를 발견하려면
어떻게 해야 할까요?

엄마의 마음을 두근거리게 하는 것들을 따라
엄마의 일상 속으로 들어가 봅니다.

엄마가 느끼는 감정을 찾아보세요.

예시를 참고하여 각 순간마다 느끼는 감정을 적어보세요.

Q. 혼자 있을 때 :

Q. 가족들과 함께 있을 때 :

Q. 여유 시간이 생겼을 때 :

Q. 주위에 힘든 일이 생겼을 때 :

Q. 미래를 생각할 때 :

Q. 몸의 변화가 느껴질 때 :

Q. 옛 친구를 만났을 때 :

Q. 새로운 것을 시도할 때 :

Q. 많은 일로 지치고 힘들 때 :

> 예: 감동적인, 감사한, 고마운, 만족스러운, 뿌듯한, 살맛 나는, 짜릿한, 푸근한, 기쁜, 행복한,
> 유쾌한, 열망하는, 즐거운, 골치 아픈, 괴로운, 무서운, 분노하는, 불만스러운, 속상한, 실망한,
> 화난, 가슴 아픈, 걱정되는, 공허한, 불안한, 비참한, 멍한, 섭섭한, 우울한, 착잡한, 허탈한,
> 가뿐한, 고요한, 상쾌한, 신나는, 당당한, 편안한, 홀가분한, 활기 있는, 흐뭇한, 희망찬, 다정한,
> 아쉬운, 사랑스러운, 애틋한, 친숙한, 무정한, 억울한, 원망스러운, 죄책감이 드는, 지겨운,
> 차가운, 기대되는, 절박한, 초조한, 후회스러운, 기가 죽은, 긴장한, 당황스러운, 무기력한,
> 미안한, 싫증 나는, 쓰린, 억눌린, 절망적인, 지루한, 힘 빠지는, 막막한, 든든한, 괜찮은

Q. 엄마는 일상에서 느끼는 감정을 누구와 나누나요?

평소에 하는 생각과 가까운 문장을 찾아 ✓ 표시하고 어떤 감정이 드는지 적어보세요.

선택한 문장과 연관되는 내 마음을 나타내는 감정 단어를 **질문1**의 예시에서 선택하여 옆의 괄호에 적어봅니다.

☐ "어떻게 살아야 하나?" —————————— (   )

☐ "내가 아니어도 세상은 돌아가는구나." ———— (   )

☐ "속이 텅 빈 것 같다." —————————— (   )

☐ "그날이 그날 같다." —————————— (   )

☐ "이만하면 충분해! —————————— (   )

☐ "나는 나아지고 있어." —————————— (   )

☐ "이게 바로 내가 원하는거지!" ————— (   )

☐ "나도 꽤 괜찮은 사람이지!" ————— (   )

☐ "사는 게 뭘까?" —————————— (   )

☐ "오늘은 또 뭘하지?" —————————— (   )

☐ "내게 주어진 것에 감사해." ————— (   )

☐ "인생, 결국 혼자 사는 거지." ————— (   )

엄마에게 편안함을 주는 것은 무엇인가요?

일상에서 누구와, 어디에서, 무엇을 할 때 편안함을 느끼는지 떠올리고 그 내용을 적어봅니다.

Q. 편안함을 주는 장소는?

Q. 편안함을 주는 사람은?

Q. 편안함을 주는 활동은?

Q. 편안함을 주는 것들의 공통점은 무엇인가요?

* 편안함이란? 몸이 아프거나 힘들지 않고, 마음에 불안이나 걱정이 없어 편하고 좋은 상태입니다.

앞으로 인생에서 어떤 변화가 생길까요? 무엇이 더해지고 무엇이 줄어들지 적어보세요.

앞으로 더해질 것	앞으로 줄어들 것

예시를 참고하여 적어보세요.

예) 개인시간, 자유, 경제력, 신체 변화, 여가활동, 직업의 개수, 성숙도, 외식, 반려동물, 손자 손녀, 여행의 기쁨, 안정감, 즐거움, 시기 질투, 책임, 사회적 역할, 건강, 지식, 지혜, 친구, 화려함, 부부친밀감, 자녀에 대한 믿음, 우정, 배짱, 유머, 여유, 애정표현, 용기, 도전, 살림의 기술, 대인관계의 기술, 음주량, 운동량, 대화상대, 독서량, 주름살, 돌봄 받기, 이별, 뿌듯함, 천진난만함, 한숨, 자신감, 철없음, 배움, 고독 등

질문.5 앞에서 미래의 변화를 예상해봤을 때 어떤 생각이 떠올랐나요? 그중 하나를 써보세요.

A.

Q. 위의 말을 할 때, 나는 어떤 마음인가요?

Q. 미래에 대해 어떤 기대가 되나요?

Q. 미래에 대해 걱정되는 점도 있나요?

Q. 기대와 걱정을 동시에 가지고 있는 나에게 힘을 주는 말을 해주세요.

탐구 활동

나의 자기개념

아래의 그림은 자기개념을 구성하는 다양한 영역들을 표시한 것입니다.
영역별로 자신감의 정도에 해당하는 숫자(중심으로부터 0~10점)를 점으
로 표시하고, 12개의 영역에 표시한 점들을 차례대로 연결해보세요.

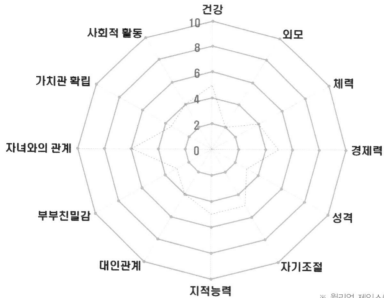

※ 윌리엄 제임스(William James, 1890)의 "자기개념"을 근거로 내용을 재구성함

(예: 건강 5, 외모 2, 체력 4, 경제력 5, 성격 3, 자기조절 5 등)

Q. 엄마가 가장 중요하게 여기는 영역은 무엇인가요?

Q. 엄마가 잘하고 있다고 생각하는 영역은 무엇인가요?

Q. 엄마의 미래를 위해 더 키우고 싶은 영역이 있다면?

* 자기개념에는 건강, 외모, 체력, 경제력, 성격, 자기조절, 지적능력, 대인관계, 부부친밀감, 자녀와의 관계, 가치관 확립, 사회
적 활동의 영역이 있습니다. 각 영역에서 자신이 어느 정도의 자신감을 느끼는지를 알면, 앞으로의 삶의 방향을 좀 더 쉽
게 모색할 수 있습니다.

우리의 일상은 매일 조금씩 변하고 있지만 우리는 이를 잘 인식하지 못합니다. 변화가 있어도 일상성이라는 가림막 때문에 변화를 알아채지 못할 때가 많지요. 한편에서는 안정을 원하는 마음이 변화를 막고 이전으로 되돌리려 하기도 합니다.

독일의 철학자 하이데거는 자유로운 사람은 주체적인 결단을 통해 새로운 시도를 하고, 익숙한 사물을 새롭게 받아들인다고 말합니다. 일상성에 빠져 지루함과 권태가 나타나는 것은 부자유한 상태로 규정합니다.

사람은 자신의 능력과 가능성을 믿으며 자신감을 가질 때에 비로소 변화를 받아들이기 시작합니다. 자신감은 미래에 대한 막연한 두려움과 불안에 직면할 수 있도록 도와주고, 매 순간 주도적으로 무언가를 선택하고 있는 현재의 자신을 바라볼 수 있게 해줍니다. 이러한 과정을 통해 우리는 자유로운 주체로서 견고히 설 수 있습니다.

변화는 두 가지 얼굴을 가지고 있습니다. 얻는 것이 있으면 잃는 것이 있고, 부정적인 측면과 긍정적인 측면이 있지요. 막연한 두려움이나 불안감이 느껴진다면 기존의 일상성에서 벗어날 시점이 다가왔다는 신호입니다. 그 순간이 찾아오면, 앞으로 예상되는 변화와 그 변화가 자신에게 끼칠 영향을 함께 적고, 그 옆에 자신에 대한 믿음의 말을 적어보세요. 자신을 신뢰하는 것이 가장 중요합니다.

감각과 지각을 통해 순간적으로 발생하는 느낌이 사라지지 않고 몸으로 전달되면 이를 기분이라고 합니다. 이런 특정한 기분이 강해지면 감정이 되고, 이 감정이 더 오랜 시간 지속되면 정서가 됩니다. 일반적으로 기쁨, 분노, 슬픔, 공포, 놀람, 혐오 – 이 6가지 감정을 기본 감정으로 꼽고, 이외에 수치심이나 죄책감, 경멸, 흥미 등을 기본 감정에 포함하기도 합니다.

그렇다면 요즘 많은 사람이 느끼고 있는 우울과 불안은 무엇일까요? 우울과 불안은 기본 감정이 아닌 2차 감정으로 볼 수 있습니다. 몸으로 느낄 수 있는 물리적 고통이 다가오거나 다가올 것 같다는 예감이 들 때 심리적 고통인 고뇌가 먼저 찾아오는데, 그 고통을 피할 수 없다는 생각이 들면 이것이 우울과 불안으로 나타납니다.

현대사회는 과거와는 비교할 수 없을 정도로 빠른 속도로 다양한 변화가 일어납니다. 때문에 사람들은 불확실한 미래 상황에 끊임없이 대처해야 하며 과도한 경쟁에 노출되어 있습니다. 이렇게 내몰린 상황에서 현대인들은 지속적으로 정신적 고뇌를 느끼고, 이는 자연스레 우울과 불안으로 이어집니다.

일반적으로 우울은 사람의 활동성을 저하시켜 무기력하게 합니다. 반면 불안은 안절부절못한 상태로 일을 조급하게 처리하도록 만들지요. 우울과 불안은 전반적인 삶의 질을 떨어뜨린다는 면에서 공통점이 있습니다. 우울하고 불안할 때는 아래와 같이 실천해보세요.

- 불안을 느끼는 일에 대해 명확히 글로 써보고,
  그 일이 정말 발생할 가능성이 큰지 곰곰이 생각해보기

- '좀 불안하면 어때?'라고 마음먹어 보기

- 따뜻한 차를 마시며 노래 듣기

- 명상, 복식호흡 등으로 몸과 마음의 상태를 편안하게 만들기

- 산책, 조깅, 운동 등에 집중해 보기

- 친목 모임, 취미생활, 봉사활동 등 사람들과의 교류 시간 늘리기

- 만성적인 우울과 불안이 느껴지면 전문가에게 도움 청하기

6장

엄마의 시간은
어디를 향하고 있나요?

인생의 어느 계절에 이르면 우리는 모든 장소를
자신이 살 집터로 생각해보는 습관을 갖게 된다.
그리하여 나는 내가 사는 곳으로부터
사방 12마일 이내에 있는 모든 땅을 살펴보았다.
나는 상상 속에서 모든 농장을 차례로 사들였다.
그것은 그 농장들이 전부 매물로 나왔고
그 가격을 내가 알고 있었기 때문이다.
나는 그 농장들을 하나하나 둘러보면서 거기서 자라고 있는
야생 사과를 맛보기도 하고
주인과 농사일에 대하여 환담을 나누기도 했다.
나는 마음속으로 가격에 상관없이 그들이 부르는 값을 다 주고
사들여서는 다시 그들에게 저당을 잡혔다.
심지어는 주인이 부르는 값보다 더 높은 가격을 매길 때도 있었다.

삶의 크기는 생각의 크기에 영향을 받는다고 합니다.

크게 생각할 수 있는 사람이 큰 꿈을 꾸고,

세상을 바꿀 수 있으니까요.

하지만 분주한 일상 때문에 생각하는 능력이

틀 안에 갇혀 있지는 않나요?

우리가 일상에서 벗어나 여유를 가질 수 있다면,

그래서 시각의 폭을 점점 더 넓혀간다면

우리 삶의 많은 부분이 달라질 것입니다.

엄마의 삶 속에서 기적 같은 일이 일어난다면 어떨까요?

엄마를 바라보며 조언해 줄 지구(세상) 바깥의 누군가를 만난다면

어떤 일이 벌어질까요?

현실의 제약에서 벗어나 삶의 변화를 위해

매일 잠깐씩이라도 상상력을 발휘해보세요.

세 가지 소원이 이루어진다면, 무엇을 빌고 싶은 가요? 소원과 이유를 적어주세요.

엄마의 소원은 현실 속 무엇의 변화를 원하는 것인가요?

Q. 나

Q. 자녀

Q. 배우자

Q. 이웃

Q. 세상

Q. 그 외

* 소원이 이루어진다면 지금 어디에서, 어떤 모습으로, 무엇을 하고 있을까요?

만약 엄마가 10년 전으로 돌아간다면?

앞에 적어 놓은 변화를 위해 엄마가 무엇을 할지 상상하여 구체적으로 적어보세요.

돌아가면 무엇을 할까요?	어떤 것이 어떻게 변할까요?

질문.4

가정과 사회에서 엄마가 자부심을 느끼며 하고 있는 활동은 무엇인가요?

나의 장점을 살려서 하는 활동을 구체적으로 쓰고, 그 활동을 잘 해내는 자신만의 노하우를 알려주세요.

	잘하는 활동	엄마만의 노하우
가정에서		
사회에서		

그 활동을 할 때 어떤 점이 좋았어요?

앞에서 기록한 활동들을 하며 만족스러웠던 순간을 떠올려보고, 그때 내가 어떤 점에서 만족스러워했는지를 구체적으로 표현해봅니다.

"   을(를) 할 때,

나는 자부심을 느낀다.

그때 나는

"

---

* 무언가에 집중하며 느끼는 몰입감은 우리 삶에 에너지를 채워줍니다.

'행복 장면' 그리기

자신이 상상하는 '행복한 나의 모습'을 그려봅니다. 상상 속의 나는 무엇을 하고 있는지, 내 옆에는 누가 있고 어떤 소품이 놓여있는지 등 구체적으로 그려보세요.

* 어떤 장면을 상상했나요? 내 상상 속에 등장하는 것들은, 내 행복의 어떤 면을 표현하고 있을까요?

내가 진짜 원하는 행복은 무엇이었나요? 단순히 이루어질 수 없는 소원이라고 체념해버리지는 않았나요? 이미 나이가 너무 많다고 느낄 수도 있지만 지금 '이 순간'은 앞으로 살아갈 날 중 가장 젊은 날이기도 합니다. 대상을 바라보는 관점이 바뀌면 현실에 대한 인식도 달라집니다.

물속에서 태어나 수중 환경에 적응해 버린 물고기처럼, 사람도 주어진 환경에 따라 고정관념을 가지고 현실을 쉽게 재단해 버리는 경우가 많습니다. 자신이 놓여있는 현실을 제대로 파악하려면 고정관념 너머의 시선이 필요합니다. 한 발짝 뒤에서 자신이 처한 현실을 관찰하고 생각의 틀을 넓히면, 우리는 우물 밖 세상을 만나 삶의 지평을 넓힐 수 있습니다. 불확실한 미래로부터 가능성을 발견할 수 있게 되는 것이지요.

우리가 현실의 틀에 가둔 미래는 삶의 생기를 앗아갑니다. 우리 삶의 주인은 바로 우리 자신입니다. 자유롭다는 것은 생각하고 꿈꿀 자유가 있다는 것이고, 동시에 목표를 가지고 삶의 방향을 바꿀 수 있다는 말입니다. 잠재된 가능성과 하고 싶은 일을 따라 조금씩 미래를 디자인해가면 어떨까요? 미래를 위기가 아닌 기회로 인식하고 삶을 조금씩 바꿔나간다면 우리의 내일은 지금보다 밝을 것입니다.

욕구는 존재를 대변한다고 합니다. 욕구를 실현하고자 하는 것은 자신의 존재감을 드러내려 하는 순수한 마음이 반영된 것입니다. 하지만 욕구 충족에는 현실적인 제약이 따르기 때문에 우리는 결핍을 느끼고 때로는 대체물을 찾아 방황하게 됩니다. 욕망은 이러한 결핍된 욕구가 강해질 때 생기며, 이를 조절하기는 쉽지 않습니다.

인간이 가지는 주요한 욕구들에는 생명 활동을 위한 생존 욕구, 성과를 내고 싶은 성취 욕구, 친밀한 관계에 대한 욕구, 강해지고자 하는 권력 욕구, 의미를 찾고자 하는 가치 욕구, 즐거움을 찾는 쾌락 욕구 등이 있습니다. 각 개인의 욕구 추구 방식은 다양합니다. 순간의 재미나, 절대적이고 신성한 것을 추구하기도 하죠. 살다 보면 이런저런 여러 욕구가 서로 충돌해 갈등을 일으키기도 하고, 상호보완 작용을 통해 조화를 이루기도 합니다.

내면적으로도 욕구 충돌이 일어납니다. 성공하고 싶지만 쉬면서 충전하고 싶기도 하고, 다른 사람을 이기고도 싶지만, 또 다른 한편으로는 도와주고 싶기도 하니까요. 우리는 모든 것을 가질 수 없기에 어떤 욕구를 추구할 것인지 선택의 문제를 겪습니다. 자신의 행복을 위해 시간과 노력을 어떻게 배분할지 기준을 세우기 위해서는 자기 성찰이 필요합니다.

사람들은 자신의 핵심 욕구가 이끄는 일을 할 때 비로소 열정을 느끼며 몰입하게 됩니다. 이때의 만족감이 그 어떤 보상보다 중요한 사람도 있습니다. 열정이 이끄는 삶, 가슴이 뛰는 삶은, 해야 할 일이나 할 수 있는 일에서 벗어날 때 그 모습을 드러내기도 합니다.

당신에게 가장 중요한 욕구는 무엇인가요?

1장에서 6장까지의 활동을 마무리하며 느낀 점을 〈마음 탐구생활〉밴드에 기록하고 생각을 나눠주세요.

QR코드로 네이버 밴드에 간편하게 접속하세요!

7장

우리가 정말
사랑한 걸까?

내가 그의 이름을 불러주기 전에는
그는 다만
하나의 몸짓에 지나지 않았다
내가 그의 이름을 불러주었을 때
그는 나에게로 와서
꽃이 되었다.

내가 그의 이름을 불러준 것처럼
나의 이 빛깔과 향기에 알맞는
누가 나의 이름을 불러다오.

그에게로 가서 나도
그의 꽃이 되고 싶다.

우리들은 모두
무엇이 되고 싶다.
너는 나에게 나는 너에게
잊혀지지 않는 하나의 눈짓이 되고 싶다.

김춘수, 「꽃」「꽃의 소묘」 (세계출판사, 1922)

시간이 지나면 부부는 서로 닮아간다고들 하지요.

오랜 시간 서로에게 익숙해져 버린 부부 사이지만

가끔은 낯선 느낌이 들 때도 있습니다.

세상에서 하나뿐인 당신과 나.

내가 당신의 이름을 부를 때

뒤돌아보는 당신의 모습은 지금도 나를 설레게 합니다.

돌아보면 우리의 만남은 역사적인 시작이었고

운명적인 순간이었습니다.

지금도 그 역사가 만들어지고 있다는 사실이 믿어지나요?

질문.1 당신은 어떤 기대를 하고 나와 결혼을 결심하였나요?

Q. 나의 어떤 점이 마음에 들었나요?

Q. 생각보다 좋았던 점은 무엇이었나요?

Q. 기대와 달리 실망했던 점은 무엇이었나요?

Q. 지금 우리의 결혼생활에 만족하나요?

우리에겐 서로 다른 점도 참 많지요?

당신을 날씨로 표현하면 _____ 같고,

풍경에 비유하면 _____ 인 것 같아요.

그리고 당신에게 수식어를 붙여준다면 _____ 이고,

그 이유는 _____ 때문이죠.

그래서 당신 옆에 있는 나는 _____ 같아요.

결혼 생활 중 서로 맞지 않아 힘들 때도 있었죠?

결혼 생활을 이어오면서 상대방을 이해하는 것, 상대방의 다른 점을 받아들이는 것이 힘들었던 때를 떠올려보세요.

Q. 구체적인 상황을 적어봅니다.

상황 1

상황 2

상황 3

Q. 이해하기 어렵고 힘들었던 점은?

Q. 상처로 남은 말이 있다면?

Q. 어려웠던 상황을 견디기 위해 어떤 행동(입장)을 했나요?

Q. 갈등을 해결해가며 깨달은 점이 있다면 어떤 것인가요?

우리의 애정 전선은 이상 無?

질문.3

Q. 나의 사랑이 느껴질 때는 언제인가요?

Q. 우리의 애정표현의 정도는 적당한가요?

Q. 당신은 나의 애정표현 중 어떤 것이 좋은가요?

Q. '사랑해'라는 표현은 얼마나 자주 듣고 싶은가요?

Q. 앞으로의 우리 관계를 위해 어떤 것을 준비하고 싶나요?

질문.4

결혼생활 중 남편에게서 들었던 말들을 떠올려 보고 아래에 적어봅니다.

중간중간 고비도 있었지만, 행복하고 기뻤던 순간도 많았습니다.

Q. 남편이 자주 하는 말 중 내게 힘이 되는 말

Q. 남편이 나를 이해해주며 건넸던 위로 중 기억에 남는 말

Q. 고마움을 느꼈던 남편의 말을 적고, 그 말에 대한 감사 인사를 적어봅니다.

남편 :

나 :

사랑의 삼각형 그리기

❶ '사랑의 삼각형 이론'의 친밀감, 열정, 헌신 각 요소에 대한 설명을 읽고 자신에게 해당하는 점수를 적어보세요.
(0점: 전혀 아니다. / 1점: 그렇다. / 2점: 매우 그렇다.)

– 친밀감에 대한 물음 (합계:)

① 힘들 때 의지할 수 있는 따뜻한 관계이다. ( )
② 나의 개인적인 이야기를 나눌 수 있는 편안한 관계다. ( )
③ 말이 잘 통하고 서로를 잘 이해하고 있다고 느낀다. ( )
④ 서로 신뢰하며, 행복을 위해 적극적인 지원을 한다. ( )
⑤ 많은 것을 공유하며 정서적 지지를 충분히 받고 있다. ( )

– 열정에 대한 물음 (합계:)

① 그가 정말 매력적이라 느낀다. 이상형에 가깝다. ( )
② 다른 어떤 사람보다도 그와 함께 있고 싶다. ( )
③ 그와 신체적으로 접촉하는 것을 특히 좋아한다. ( )
④ 그를 보기만 해도 흥분된다. 우리의 관계는 열정적이다. ( )
⑤ 나는 그가 없는 인생은 생각할 수 없고, 그와의 관계보다 중요한 것은 이 세상에 없다. ( )

– 헌신에 대한 물음 (합계:)

① 나는 그에 대해 책임감을 느끼며 관계를 유지하기 위해 최선을 다하고 있다. ( )
② 그에 대한 나의 사랑은 확고하다. ( )
③ 그에 대한 사랑이 남은 인생동안 계속되리라고 믿는다. ( )
④ 설혹 갈등이 생긴다 해도, 나는 여전히 우리의 관계를 유지할 것이다. ( )
⑤ 나는 그에 대해 항상 강한 책임감을 느낀다. ( )

* 스턴버그(Sternberg,1990) 사랑의 삼각형척도에서 취합·선별하였음

❷ 친밀감, 열정, 헌신, 이 세 가지 영역의 각 점수 합계를 꼭짓점으로 하는 삼각형을 그립니다.
(예시: 친밀감5, 열정1, 헌신5)

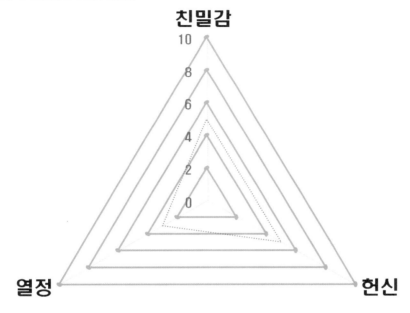

사랑의 삼각형 이론에 따르면 사랑은 친밀감, 열정, 헌신의 세 가지 요소로 구성됩니다. 친밀감은 정서적 측면을, 열정은 생리적 측면을, 헌신은 인지적 측면을 나타내며, 모양과 크기에 따라 다양한 사랑의 형태로 표현될 수 있습니다. 이 형태는 시간이 흐르고 관계가 지속됨에 따라 변화합니다. 서로에 대한 열정과 친밀감을 기반으로 하는 행복한 부부 관계는 여유있는 노년기를 위한 주춧돌과 같습니다.

부부관계에는 여느 대인관계와는 다른 특별한 결속력이 있습니다. 한국의 경우, 전통적으로 혈연관계를 중시하고 가족공동체에 대해 강한 규범을 적용하는 문화적 배경 때문에 부부관계에서도 정서적 교감이나 소통보다는 각자의 역할과 권한을 구분하고 의무와 책임에 의존하는 경향이 짙었습니다.

하지만 사회 전반적으로 개인의 자발적이고 합리적인 의사결정을 존중하는 개인주의가 확산되면서 부부관계도 기존과는 다른 양상으로 변하고 있습니다. 이러한 변화의 흐름에 따라 이제는 과거와 달리 수평적인 관점에서 부부관계와 그 결속력을 되돌아보는 시간이 필요합니다. 서로를 돌보는 성숙한 주체들 간의 사랑이라는 관점으로 말이지요.

기존 부부관계의 틀에서 벗어나 새로운 연결고리를 만들어보세요. 상대방을 소중하고 사랑스러운 사람으로 대해주세요. 한결 가까워진 거리에서 새로운 매력을 발견할 때, 규범이 아니라 열정과 친밀감이 바탕이 된 부부관계가 만들어집니다. 진정한 동반자로서 마주하고 서로에게 힘을 주는 부부가 되어주세요.

어린아이는 양육자인 부모와의 관계를 통해 세상과 타인을 인식하고 주어진 환경에 적응하며 자아를 형성해 나갑니다. 안정적으로 형성된 애착은 자신과 타인에 대한 긍정적 수용, 외부 세계에 대한 호기심과 도전 등을 추동하는 긍정적 동력으로 작용합니다.

반면에 불안정하게 형성된 애착은 신뢰관계 형성의 어려움, 자신의 성취에 대한 과장 또는 부정, 타인과의 관계에 대한 집착 또는 거부 등의 부정적 결과를 야기합니다. 유아기에 형성된 애착이 성인기까지 영향을 주기 때문에, 대인관계 훈련과정에서도 애착은 중요한 주제로 다뤄집니다.

성장하여 성인이 되면 이성 관계를 통해 새로운 애착의 경험을 하게 되는데, 이를 성인 애착이라고 합니다. 우리가 연애나 결혼생활에서 상대와의 결속력을 강화하며 상대로부터 존중과 무조건적 수용을 기대하는 것은 이러한 성인 애착이 반영된 것입니다.

남편을 돌보는 자신의 모습이 마치 큰아들을 키우는 엄마 같다고 농담하는 아내들이 많지요. 부모로부터 충분히 받지 못한 사랑에 대한 갈망이 배우자와의 관계에서 드러나는 것입니다. 상대방에 대한 지나친 의존, 집착 또는 의심은 유아기에 충족되지 못한 애착 욕구가 반영되어 나타나는 행동입니다.

진솔하고 안정적인 태도를 가진 상대방과의 성숙하고 친밀한 관계는 이전에 형성된 불안정 애착의 극복을 가능하게 해주고, 타인에 대한 공감능력과 자신에 대한 이해를 높일 기회를 제공합니다.

우리가 부부라는 이름으로 함께한 세월이 어느새 강산도

변하게 할 만큼 흘러갔네요. 당신이 옆에 있다는 것이

내게는 선물이고 축복입니다. 당신 얼굴의 주름과 흰머리가

나이를 말해 주지만, 아직 내 눈에는 신혼 때의 사랑스러운

모습이 그대로 남아있답니다. 당신이 아내로 부모로 그리고

어른으로 경험한 것들을 함께 돌아볼 수 있게 되어 기쁩니다.

당신의 동반자로서 당신의 진솔한 이야기를 들으면

우리의 내일은 더 새로워질 것이라는 믿음을 전합니다.

- 당신을 사랑하고 존경하는 동반자 -

8장

부모가 된다는 것,
부모로 산다는 것

엄마인 내가 볼 때 딸의 자질은 법관과 잘 맞아떨어졌다.
안팎을 살필 줄 알고, 감정에 치우치지 않았고
사리판단이 제법 분명했으며,
또래보다 의젓했고,
합리적으로 남의 얘기를 잘 듣는 편이었다.
나는 나아가 딸이 국제변호사가 되어주었으면 했다.
그런데 갑자기 드럼주자가 되겠다니

당신이 나와 우리 가족을 위해

애쓰고 노력했던 것을 생각하면 너무나 고마워요.

처음 부모가 되었을 때는 우리들의 부모님보다는

더 나은 부모가 되겠노라고 참 쉽게 생각했던 것 같아요.

어쩌면 우리가 어렸을 때보다

훨씬 더 좋은 양육환경에서 부모가 되었기 때문에

자신감에 차 있었던 게 아닌가 싶어요.

또한, 아이의 행복을 위해서 부모는 응당 희생해야 한다고 배웠고,

아이가 우리보다 나은 삶을 살게 될 때

그 희생은 자연스레 보상될 것이라고 믿었지요.

당신은 어땠나요?

어떤 엄마가 되고 싶었나요?

Q. 당신이 상상했던 엄마의 모습은 어떤 것이었나요?

Q. 엄마로서 자녀에게 이것만큼은 꼭 해줘야 한다고 생각했던 것은 무엇인가요?

Q. 엄마로서 가장 어려웠던 점은 무엇인가요?

아이를 키우면서 함께 헤쳐나갔던 상황에 대해 이야기해봅니다.

Q. 아이를 키우면서 가장 행복했던 순간은 언제였나요?

Q. 지금까지도 당신의 마음을 아프게 하는 일이 있나요?

Q. 시간을 되돌릴 수 있다면, 아이에게 어떤 것을 마음껏 해주고 싶나요?

Q. 아이들을 키우며 우리가 성장한 면이 있다면 무엇인가요?

아이와의 일화를 떠올리며 소중했던 순간을 한 장면의 대본으로 만들어봅니다.

귀여운 모습, 대견했던 모습 등 간직하고 싶은 순간을 떠올려보세요.

등장 인물:

시간:

장소:

사건의 배경:

대사:

질문.2

성장한 자녀와의 의사소통 상황을 알아봅니다.

자녀가 성인이 되었다고 느껴지는 상황	성인이 된 자녀에게 받는 나의 느낌	성인이 된 자녀를 대하는 나의 말과 행동의 변화

성인이 된 자녀와, 어떤 부모-자식 관계를 유지 하길 바라나요?

내가 생각하는 이상적인 부모–자식 관계를 위해서는 서로 어떤 노력을 해야 할까요?

내가 기대하는, 성인 자녀와의 부모-자식 관계의 모습	내가 노력하는 부분

가족주기표 작성하기

가족주기는 부부의 결혼, 출산 및 교육, 자녀의 독립, 은퇴, 부부의 수명 등 인생의 각 단계에 따른 가족의 생성과 소멸 과정을 보여줍니다. '가족사' 란에 중요한 사건 또는 향후 계획을 적어보세요.

가족주기		나의 나이	가족 수	가족사
가족 형성기	결혼			
가족 확대기	자녀 양육기 자녀 출산 및 양육			
	자녀 교육기 첫 자녀 입학 ~ 막내 졸업			
가족 축소기	자녀 독립기 자녀 결혼 및 독립			
	노후기			

자녀의 성장은 부모 역할에도 변화를 불러옵니다. 성장하는 자녀와 유연하게 적정한 거리를 유지하며 상호작용하는 소통은 자녀의 자립심 향상에 도움이 됩니다. 내가 생각하는 이상적인 부모–자식 관계는 어떤 모습인가요?

가족주기 탐색은 자신의 과거 및 가족 경험을 이해하고, 다가올 미래를 준비하는 데 도움이 될 것입니다. 가부장적이고 여성들의 사회 활동이 제한되는 문화 속에서, 가사 노동은 여성에게 부담이 될 수밖에 없습니다. 힘들다고 해서 집안일을 그만둬버릴 수 없기 때문입니다.

아이가 태어나면서 해야 할 일은 더 많아지기 시작하고, 이 과정에서 엄마들이 사회활동을 할 수 있는 기회는 점점 줄어듭니다. 자연스레 자녀는 그런 엄마에게 성취감을 안겨주는 '대체물'과 같은 역할을 떠맡게 되고, 엄마와 자녀가 각자 개인의 삶에서 상대를 분리하지 못하는 현상이 나타납니다.

이런 현상의 책임은 누구에게 있을까요? 그저 일부 엄마의 책임이자 자녀의 책임일까요? 여성이 사회적 자원으로 성장할 수 있는 기회를 가로막고 있는 사회의 모습은 언제쯤 달라질까요?

우리는 화목하고 우애 있는 가족관계를 통해 삶을 풍요롭게 만들 수 있을 거라 기대하지만, 기대와 달리 가족 간의 과도한 간섭이나 요구, 무시와 단절로 인해 오히려 불편해지기도 합니다.

가족이라는 울타리 안에서 서로를 존중하며 건강한 친밀감을 유지해 나가기 위해 필요한 것은 무엇일까요?

보웬이라는 심리학자는 '자기분화'가 잘 이루어지면 개인과 가족체계의 성숙이 가능하다고 주장합니다. 그에 따르면 자기분화가 잘 되는 사람은, 타인에 대해 현실적이고 합리적인 기대를 가지며, 자신과 타인의 신념에 대해 개방적인 특징을 보입니다. 칭찬이나 비판에도 민감하지 않고 자신의 평정을 유지합니다.

하지만 자기분화가 잘 이루어지지 않은 경우에는 사고와 감정을 구분하는 것에 어려움을 느끼고, 감정 세계에 빠져 타인의 태도에 과민하게 반응하며, 사랑하고 사랑받는 것에 에너지를 과도하게 사용하기 때문에 목표 지향적인 활동에 집중하지 못합니다. 또한 자신의 주관이 분명하지 않기 때문에 권위에 의존하거나 편향된 세계관을 갖기도 쉽습니다.

가족관계 측면에서도 지나치게 밀착되어 있는 탓에 가족의 죽음 혹은 이혼 등으로 가족에 변화가 생기면 치명적인 영향을 받기도 하며, 가족 구성원이 이탈하거나 새로 유입되는 경우에도 유연하게 대처하지 못하는 경향이 있습니다.

사회조직의 측면에서는 미(未)분화된 사회일수록 변화에 대한 수용이 더디고, 사회구성원들의 자율적 활동을 제약하려는 경향을 보입니다. 또한 가부장적 상명하복 문화를 원칙으로 내세우며, 다름을 인정하지 않고 차별을 합리화하려는 특징을 보입니다.

사회는 변화하고 가족체계 또한 보다 자유로워졌습니다. 이러한 변화를 수용하고 성숙한 '자기분화'를 통해 건강한 가족관계를 유지할 수 있도록 노력해봅시다. 서로의 입장을 인정하고 배려하고 존중하는 태도로 이야기를 나누어보세요. 적절한 친밀감을 기반으로 성숙한 가족체계로 발전할 수 있을 것입니다.

9장

제대로 갈등과 마주한 적이 있나요?

세상의 절반은 붉은 모래
나머지는 물

세상의 절반은 사랑
나머지는 슬픔

붉은 물이 스민다
모래 속으로, 너의 속으로

세상의 절반은 삶
나머지는 노래

세상의 절반은 죽은 은빛 갈대
나머지는 웃자라는 은빛 갈대

세상의 절반은 노래
나머지는 안들리는 노래

어떤 상황에 대해 옳고 그름을 논하는 과정에서

사람들은 종종 자기중심적(내로남불)이고

이분법적(흑백논리)인 사고에 빠집니다.

갈등상황에서 서로의 입장을 듣고,

이해하고 의견차를 좁히기보다는,

내가 옳고 다른 사람들은 틀리다는 논리로

자신을 무조건적으로 방어하려고 하는 사람들이 참 많습니다.

가정에서, 사회에서 당신은 어떤 갈등을 겪고 있나요?

그 갈등을 해결하기 위해 당신이 찾은 소통방법은 어떤 것이었나요?

갈등을 마주하고 이를 해결해나가는 과정에서

우리는 무엇을 얻을 수 있을까요?

질문.1 우리 부부의 갈등 상황을 떠올려봅시다.

Q. 어떠한 상황이었고 왜 그러한 갈등이 발생했나요?

Q. 우리 부부가 갈등 상황에 있을 때의 내 모습을 아래의 빈칸에 적어봅니다.

감정	생각
말	행동

Q. 갈등 상황에서 나의 감정을 자극한 것은 무엇인가요? (예: 자존심, 안전, 생존, 권리, 상처 등)

Q. 갈등 상황에서 상대의 태도는 나를 어떤 사람으로 느끼게 하나요?

Q. 갈등 상황에서의 나의 말과 행동은 상대에게 어떤 메시지를 전하고 있을까요?

우리 부부가 갈등이 생겼을 때 배우자의 모습을 아래의 빈칸에 적어봅니다.

갈등이 유발되는 지점	말
행동	화해를 시도하는 방법

Q. 배우자가 갈등 상황에서 보이는 모습에 대해 나는 어떻게 반응하나요?

Q. 갈등 상황에서 배우자가 나에게 전달하고 싶었던 마음은 뭘까요?

갈등 해결로 관계에 긍정적 변화가 생겼던 경험을 떠올려봅니다.

Q. 상대와의 소통을 위해 시도했던 방법에는 어떤 것이 있나요?

Q. 갈등 상황을 겪은 후 상대의 마음을 더 잘 이해하게 된 적이 있나요?
어떤 마음을 알게 되었나요?

Q. 갈등 상황을 해결하며 발견한 당신의 저력은 무엇인가요?

우리 부부는 얼마만큼 소통하고 있나요?

Q. 우리가 어느 정도 소통을 하고 있다고 생각하나요?
소통이 된다고 느끼는 만큼을 색칠해보세요.

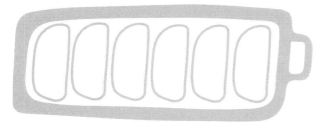

Q. 우리가 가장 잘 통하는 면은 뭔가요?

_____

_____

Q. 아직까지도 공개적으로 드러내 이야기하기 힘든 주제에는 어떤 것들이 있나요?

(예: 자녀 독립 계획, 은퇴 후 계획, 노후 준비, 묵은 감정 등)

_____

Q. 우리 부부가 대화를 통해 더 많이 소통하려면 어떤 준비가 필요할까요?

_____

_____

 **탐구 활동**

의사소통 유형

자신에 해당되는 문장 앞 (☐)에 ✔표시를 하고, 합계를 적어봅니다.

A 형

☐ 상대의 비위를 맞추려한다.
☐ 부탁을 거절하는 것이 힘들다.
☐ 자주 내 탓으로 돌린다.
☐ 생각이나 감정을 표현하는 것이 두렵다.
☐ 타인을 배려하고 잘 돌봐준다.
☐ 타인의 표정 말투 감정에 신경을 쓴다.
☐ 상대방이 나를 싫어할까봐 두렵고 위축된다.
☐ 내가 가치없는 것 같아 불안·우울하다.

B 형

☐ 자신보다는 상대방을 탓할 때가 많다.
☐ 내 의견을 잘 주장하는 편이다.
☐ 언성을 높일 때가 자주 있다.
☐ 상대의 결점, 잘못을 잘 얘기하는 편이다.
☐ 말투가 명령적, 지시적이라는 말을 듣는편 이다.
☐ 사소한 일에 흥분하거나 화를 낼 때가 많다.
☐ 자주 목이 뻣뻣하고 혈압이 오른다.
☐ 비판적이고 융통성이 없다는 말을 듣는편 이다.

C 형

☐ 조목조목 따지는 편이다.
☐ 이성적이고 차분하고 냉정하게 생각한다.
☐ 의견표현에 객관적인 자료를 인용한다.
☐ 실수하지 않으려고 애쓰는 편이다.
☐ 불편한 상황에서 시시비비를 따지는 편이다.
☐ 현명·침착하지만 냉정하다는 말도 듣는다.
☐ 감정 표현이 힘들어 혼자라는 느낌이 든다.
☐ 단조로운 목소리, 무표정, 경직된 자세를 취한다.

D 형

☐ 생각이 자주 바뀌고 동시에 여러 가지를 하는 편이다.
☐ 정신없고 산만하다는 소리를 자주 듣는다.
☐ 적절하지 못한 말과 행동을 할 때가 있다.
☐ 난처해지면 농담, 유머로 상황을 넘기곤 한다.
☐ 불편한 상황이 되면 안절부절못한다.
☐ 한 주제에 집중하기보다는 화제를 잘 바꾼다.
☐ 분위기가 침체되면 분위기를 바꾸려고 한다.
☐ 불안하면 호흡곤란, 두통을 느낄 때가 있다.

E 형	해당되는 항목의 개수를 씁니다.
☐ 평가에 구애받지 않고 내 의견을 말한다. ☐ 부정적인 감정도 솔직하게 표현한다. ☐ 타인의 부탁도 내가 원하지 않으면 거절한다. ☐ 나 자신에 대해 편안하게 느낀다. ☐ 모험하는 것을 두려워하지 않는다. ☐ 다양한 경험을 하는 것에 대해 개방적이다. ☐ 나만의 개성을 존중한다. ☐ 나의 의견에 반대해도 감정이 상하지 않는다.	**A형(회유형)** _____ 개 **B형(비난형)** _____ 개 **C형(초이성형)** _____ 개 **D형(산만형)** _____ 개 **E형(일치형)** _____ 개

※사티어의 의사소통 유형 참조

Q. 나는 어떤 의사소통 특징을 가지고 있나요?

Q. 내가 의사소통에 어려움을 겪는 상대에게는 주로 어떤 특징이 있나요?

Q. 의사소통의 어려움에 대한 나의 대처방식에 이름을 붙인다면 무엇이 좋을까요?

사티어가 제시하는 의사소통 유형들 중 일치형은 말의 내용과 몸의 언어가 동일한 메시지를 전달하는 의사소통 방식입니다. 일치형의 의사소통을 하는 사람들은 스스로에게서 자유롭고 자존감이 높다고 합니다. 그리고 타인은 그런 그를 정직하게 느끼기 때문에 편안한 관계를 맺을 수 있습니다. 실제로 이들은 뜻하지 않게 실수를 하게 되었을 때 사과하는 것을 두려워하지 않습니다. 자신의 존재에 대해서가 아니라 자신의 행동에 대해서 사과할 수 있기 때문입니다.

갈등이 생기는 원인은 다양합니다. 하지만 일반적으로 두려움, 걱정, 우려, 불신에 근거한 추측이 소통을 방해하여 갈등이 커지는 경우가 많습니다. 그러나 '상대방의 부정적인 반응이 예상되어서', '나도 내 마음을 잘 몰라서', 또는 '속마음을 숨기며 말하는 것이 습관이 되어버려서' 등 다양한 이유로, 자신의 진심을 드러내어 말하기는 쉽지 않습니다.

감정을 말로 표현하는 행동은 서로에게 솔직한, 그리고 깊이 있는 소통을 가능하게 합니다. 누군가에게 차마 하지 못하고 마음에만 묻어둔 말이 있나요? 마음속 이야기를 상대와 어느 정도 나눌 수 있는지를 살펴보면, 자기가 자기 스스로에 대해 얼마나 잘 알고 있는지, 또 자신이 상대로부터 얼마나 자유로운 입장인지를 가늠해볼 수 있습니다.

　　사람들은 현재 드러나는 상황이 자신이 옳다고 믿는 상황과 다를 때, 상황을 바꾸어 또는 자신의 신념을 바꾸어서라도 상황과 신념을 일치시키고 싶어 합니다.

　　상황과 신념 사이의 불일치성이 해결되지 않고 유지되는 경우, 이를 '인지부조화'라고 부릅니다. 자신의 생각과 행동이 일치하지 않는 인지부조화 상태에서 사람들은 자기 자신이 거짓 행동을 한다고 느끼기 때문에 자신 스스로를 자책하게 됩니다.

　　대인관계에서도 이와 비슷한 현상이 나타납니다. 타인의 행동이나 생각이 자신의 기준과 다를 때, 내가 옳다고 생각하는 기준에 맞춰 상대방을 고쳐주고 싶은 욕구를 느끼게 되는데 이를 '교정반사'라고 합니다.

　　교정반사는 상대를 걱정(배려)하는 마음에서 상대에게 문제가 생기지 않도록 돕고자 하는 인간적인 행동이며, 주어진 상황의 인지부조화를 해결하고자 하는 본능적인 행동이기도 합니다.

하지만 상대방은 이런 시도를 다르게 받아들이는 경우가 많습니다. 더 많이 알고 더 우월한 자신을 어서 받아들이라는, 일종의 억압이나 간섭으로 생각하기 쉽습니다. 여기에 일을 더 빨리, 더 완벽하게 해결하고 싶은 욕심이나, 당면한 사안을 쉽게 해결하려 하는 조급한 마음까지 더해지면 상대는 마음의 문을 닫을 수도 있습니다.

이러한 상황을 해결하고 싶을 때는, 불편하게 느껴지는 현재 상황이나 타인의 행동이 나의 신념과 어떤 면에서 충돌하는지 차분히 생각해보세요. 그리고 그로 인해 내가 어떻게 고통받고 있는지 살펴보고, 그런 나의 신념이 과연 절대적인 것인지도 한번 되짚어 보세요. 옳고 그름이 아닌 다름을 볼 수 있게 된다면, 갈등 해결의 새로운 가능성을 찾을 수도 있습니다.

10장

함께한다는 것은?

행복은 개인적 요인들만의 산물이 아니다.
행복은 내가 속한 집단의 산물이기도 하다.
내가 내 친구, 내 친구의 친구,
더 나아가 내 친구의 친구의 친구의 행복에 영향을 준다는
상황 프레임을 장착하게 되면
우리는 서로의 행복에 대하여
'도덕적 의무'를 지니고 있다는 결론에 이르게 된다.
행복이 개인적 선택인 동시에 사회적 책임 행위라고
인식을 확장하게 되면
행복에 대한 우리의 생각은 결코 이전과 같을 수 없다.
'내가 상황이다.'라는 프레임이 중요한 이유이다.

ⓒ 최인철, 『프레임: 나를 바꾸는 심리학의 지혜』 (21세기북스, 2016)

중년기에 들어서면 나를 둘러싼 환경이 달라집니다.
영원히 끝나지 않을 것 같던 많은 일들이 조금씩 마무리가 되어가고,
떠들썩하던 세상도 조금 조용해진 느낌이 들기도 하고요.

무대 위의 배우처럼 정신없이 동분서주하던 시기를 지나
무대를 총괄하는 연출자가 된 당신
지혜롭고 여유있는 연출자의 모습으로 더 새롭게 자신을 표현하고,
더 넓은 세상과 소통하게 되기를 바랍니다.

질문.1

나를 중심에 두고, 내가 하고 있는 활동을 적어봅니다.

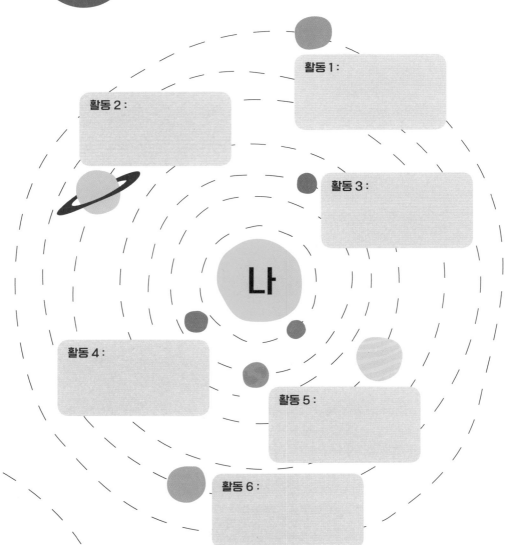

활동 1 :

활동 2 :

활동 3 :

나

활동 4 :

활동 5 :

활동 6 :

그림을 보며 나의 활동을 구체적으로 살펴봅니다.

Q. 나의 활동들이 나에게 주고 있는 것은 무엇인가요?

예: 재미, 의미, 만족감…

Q. 내가 가장 좋아하는 활동은 무엇인가요?

Q. 조금 더 집중하고 싶은 활동이 있나요?

질문.3

가정과 사회 활동의 영역별 성취도를 알아봅니다.

아래의 표를 보고 가정과 사회 활동에서의 성취도를 색연필로 표시해봅니다. (범위: 0점 – 10점)

가정활동에서		사회활동에서
10	0	10

←─────────── **자존감** ───────────→

←─────────── **안정감** ───────────→

←─────────── **성취감** ───────────→

←─────────── **보　람** ───────────→

←─────────── **경제력** ───────────→

←─────────── **자기실현** ───────────→

←─────────── **재　미** ───────────→

←─────────── **대인관계** ───────────→

←─────────── **사회적 기여** ───────────→

←─────────── **영적 가치** ───────────→

←─────────── **만족감** ───────────→

Q. 당신이 가장 열의를 보이고 있는 영역은 무엇인가요? ....

Q. 성취도를 더 높이고 싶은 영역은 무엇인가요? ....

질문.4

내가 더 열심히 하고 싶은 활동과 그에 집중하기 위해 필요한 것은 무엇인가요?

삶의 변화를 위한 자신의 바람을 구체적으로 적어보면, 어떤 선택을 해야 할지 또는 어떤 도움이 필요한지가 명확해집니다.

내가 원하는 활동	변화하기 위해 필요한 선택과 지원(요구사항)
예) 아침운동	메뉴변경 – 아침식사 준비를 도와줄 사람 필요.

원하는 활동에 더 집중하게 된다면 미래에는 어떤 모습으로 살아가게 될까요?

상상 속 자신의 모습을 그려봅니다. 능동성이 강화되는 방향으로 삶이 변화하면 당신의 내적 상태와 외적 상황에도 변화가 일어납니다.

Q. 누가 당신과 함께 있나요?

Q. 당신 주변에는 무엇이 있나요?

Q. 무엇에 대해 생각하고 있나요?

Q. 당신은 어떤 표정을 하고 있을까요?

Q. 마음은 어떤 상태일까요?

Q. 당신의 손에는 무엇이 들려있나요?

Q. 당신의 신체 건강상태는 어떠한가요?

대인관계 유형 그리기

각 단어/문장마다 자신에게 해당되는 정도를 점수(0~4점)로 표시하고, 맨 아래 칸에 세로 합산 점수를 표시합니다.
(0: 전혀 그렇지 않다. 1: 그렇지 않은 편이다. 2: 가끔 그렇다. 3: 그런 편이다. 4: 매우 그렇다.)

자신감 있다 ( )	꾀가 많다 ( )	강인하다 ( )	쾌활하지 않다 ( )	마음이 약하다 ( )	다툼을 피한다 ( )	인정이 많다 ( )	명랑하다 ( )
추진력 있다 ( )	자랑을 잘한다 ( )	냉철하다 ( )	붙임성이 없다 ( )	수줍음이 있다 ( )	고분고분 하다 ( )	다정다감 하다 ( )	붙임성 있다 ( )
고집이 세다 ( )	자존심 강하다 ( )	독하다 ( )	비사교적 이다 ( )	온순하다 ( )	단순하다 ( )	관대하다 ( )	열성적 이다 ( )
지배적 이다 ( )	치밀하다 ( )	무뚝뚝 하다 ( )	고립되어 있다 ( )	조심성이 많다 ( )	겸손하다 ( )	부드럽다 ( )	사교적 이다 ( )
자기주장 이 강하다 ( )	계산적 이다 ( )	따뜻함이 부족하다 ( )	재치가 부족하다 ( )	추진력이 부족하다 ( )	솔직하다 ( )	친절하다 ( )	활발하다 ( )
A형 합계	B형 합계	C형 합계	D형 합계	E형 합계	F형 합계	G형 합계	H형 합계

※권석만, 「인간 관계론」, (학지사, 2017)

A~H까지의 각 영역의 합계점수를 아래의 유형별 선에 점찍은 다음 점을 따라 직선을 그어 나의 대인관계 도형으로 완성해보세요. 나는 어떤 유형에 해당되나요?

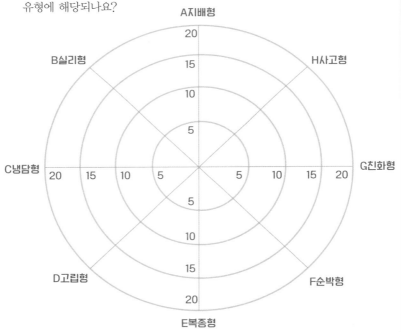

대인관계의 방식은 다양합니다. 위긴스(Wiggins)와 키슬러(Kiesle)는 대인관계 유형을 지배-복종과 사랑-미움의 연속선상에서 8가지로 나누어 제시합니다. 자신의 대인관계 특징을 도형의 크기와 모양으로 이해해보세요. 나, 그리고 상대의 대인관계 특징에 대해 이해하는 것은 보다 나은 상호작용을 위한 변화의 기초가 됩니다.

심리학 탐구

과거 한국 사회는 가족이나 혈연공동체가 사람들이 노후를 대비하는 유일한 방법이었기 때문에 혈연관계를 중요시했습니다. 그래서 '외로운 노년'이라는 것은 일종의 비극처럼 여겨지곤 했죠. 우리 부모 세대에게는 그토록 중요했던 '가족'이 우리 자녀 세대에게는 가볍게 여겨지는 이유는 무엇일까요?

한국 사람들은 '나'라는 표현보다 '우리'라는 표현에 더 익숙합니다. '우리 집', '우리 회사', '우리 아들' 같은 표현이 자연스러운 것은 무의식 속에 서로를 연결하는 지점을 찾고자 하는 욕구가 있기 때문입니다. '가족적 우리'를 중요하게 여겨 집합 단위로 자신을 인식하므로 그러한 '우리성 관계' 속에서 상대방의 기쁨과 슬픔을 공유하고, 개인사에까지 쉽게 관여합니다. 개인은 집합에 귀속되어 심리적 안녕감을 높이고 개인의 특수성보다는 전체적인 보편성에 더 가치를 둡니다.

이와 달리 '개별성 관계'에서는 서로를 객관적으로 대하며 분명한 경계를 가지고, 개인사에 관여하지 않습니다. 따라서 타인의 평가에도 크게 개의치 않고, 또 배려 받는 것을 크게 기대하지도 않습니다. 최근에는 젊은 층을 중심으로 서로 간에 개성과 다양성을 존중하고 개별성 관계를 중시하는 경향이 강해지고 있습니다.

이들은 불이익을 당했다고 느낄 때 자신의 권리를 주장하면서 단호하게 대응하고, 휴가나 퇴근 후 사적인 시간을 자신에게 투자합니다. 또한 전통적인 공동체의 집합적 일체성을 거부하고 집단 내 소속을 구속으로 받아들이죠.

개인의 정체성을 유지하면서도 타인과의 관계를 자신의 또 다른 일부로 받아들이고, 그 속에서 지지와 안전감을 공유할 수 있는 진정한 우리성(We-ness)은 어떻게 만들 수 있을까요? 각자의 개성을 존중하면서도 협동적 관계를 추구하는 집단에 속한 개인은 다양한 경험을 통해 자신의 정체성을 확장하고 사회에 기여함으로써 삶의 의미를 구체화할 수 있습니다. 이를 가능하게 하는 기반인 건강한 우리성은 협동적 관계를 통해 길러집니다.

7장에서 10장까지의 활동을 마무리하며 느낀 점을 <마음 탐구생활> 밴드에 기록하고 생각을 나눠주세요.

QR코드로 네이버 밴드에 간편하게 접속하세요!

11장

내 안에
담겨 있는 언어

수도자들이 침묵하는 것은
침묵 그 자체에 의미가 있어서가 아니다.
침묵이라는 여과 과정을 거쳐
오로지 '참말'을 하기 위해서다……
침묵의 의미는 쓸데없는 말을 하지 않는 대신
당당하고 참된 말을 하기 위해서이지,
비겁한 침묵을 고수하기 위해서가 아니다.
어디에도 거리낄 게 없는 사람만이
당당한 말을 할 수 있다.
당당한 말이 흩어진 인간을 결합시키고
밝은 통로를 뚫을 수 있다.
수도가 침묵을 익히는 그 의미도 바로 여기에 있다.

나에게

우리는 일상에서 익숙하게 쓰는 '말' 안에서 삽니다.

그리고 그 말에는 내용, 감정, 의미, 가치관 등

다양한 것들이 담겨 있습니다.

살면서 주변 사람들에게서 들었던 말을 떠올려보세요.

부모님에게 듣던 잔소리,

친구에게 들은 쓴소리,

누군가로부터의 칭찬,

나에게 되뇌던 혼잣말 등

다양한 말들이 머릿속에 남아있겠지요.

우리가 진심을 담아 주고받은 그 수많은 말들은

지금 나의 어느 부분에, 어떤 형태로 남아있을까요?

내 마음속에 남아 나에게 영향을 주고 있는 말은 무엇일까요?

흩어진 마음의 조각을 결합하는 말은

어떻게 만들어지는지 알아보기로 해요.

내 인생의 지표가 되어준 말에는 어떤 것들이 있는지, 어떤 영향을 받았는지 적어보세요.

내 삶의 지표가 되어준 책의 구절, 선생님의 가르침, 부모님의 칭찬, 친구의 조언 등을 떠올려봅니다.

인생 지표	문장, 명언, 조언	시기	영향받은 점
1			
2			
3			
4			

지금까지 삶의 중요 사건들과 그 당시의 선택 기준에 대해 살펴보아요.

사례	선택의 기준	선택에 아쉬운 부분
진학		
사회 생활		
결혼		
가정 생활		

내가 자주 하는 말은 무엇인가요? 그 말의 의미를 찾아봅니다.

나의 말	자주 하는 말	말 속에 숨겨진 의미, 바람
나에게		
자녀에게		
배우자에게		

Q. 그 말을 할 때 나는 어떤 감정 상태인가요?

Q. 상대방이 어떤 것을 해주길 바라는 마음에서 그 말을 하나요?

Q. 상대방이 나의 요구를 들어준다면 무엇이 달라지나요?

Q. 위에 적은 말들 속에는 나의 어떤 바람이 숨어 있나요?

질문.4

앞의 활동을 돌아보며, 내가 살아가는 데에 힘이 되는 나의 신념에 대해 떠올려보세요.

아래 질문에 각각 2개 이상씩 적어봅니다.

Q. 과거 경험에서 얻은 신념

Q. 일상에 적용하고 있는 신념

Q. 관계에서 중요하게 생각하는 신념

Q. 무언가 선택할 때 기준이 되는 신념

나의 신념들이 가지고 있는 공통적인 지향점을 찾아, 주어진 문장의 빈칸을 채워보세요.

"나는 _____ 을

참 중요하게 여기는구나.

그래서 나는 _____ 행동을

자주 하고 있구나.

반면에 그것 때문에 _____ 은

놓치고 있구나."

나의 여행을 함께할 7가지

곧 기약 없는 먼 여행을 떠난다고 가정하고, 함께 하고 싶은 사람이나 사물을 선택한 후 선택의 이유를 적어봅니다.

가지고 갈 것(데려갈 사람)	가지고 가는 이유(데려가는 이유)

Q. 여행 중 내가 선택한 것들을 하나씩 줄여야 하는 상황이라면, 가장 먼저 무엇을 버릴 건가요? 버릴 순서대로 번호를 붙여봅니다.

Q. 마지막까지 남긴 것은 무엇인가요? 그 선택이 의미는 무엇일까요?

질문에 차례로 답하며 새롭게 알게 된 나의 바람은 무엇인가요? 반복하는 말 속에는 이루어지지 않은 소망이나 바람이 숨어 있는 경우가 많습니다. 그 말 속에 담긴 나의 마음을 알아차리면 내가 미처 알지 못했던 나의 바람을 깨달을 수 있습니다.

우리가 중요하게 생각하는 것들에는 여러 가지가 있습니다. 하지만 여러 요인으로 인해 때로는 어쩔 수 없이 무언가를 포기해야 하고, 때로는 어느 것도 포기할 수가 없어 결정을 미루다가 선택의 기회 자체를 놓치게 되기도 합니다. 그래서 여러 가치가 서로 충돌할 때 결단하고 실행하며 책임질 힘을 기르는 것은 삶의 중요한 과제 중 하나입니다.

그동안 우리가 포기했던 것 중 마음에 오랫동안 남아있는 것이 있습니다. 가치가 없거나 쓸모가 없어서 포기했던 것이 아니기에 포기해야만 했던 나 자신에게 미안함이 앞섭니다. 그저 앞만 보고 달려가던 시절이라, 스스로 포기하는 것에 대해 위로도 못한 채 시간이 흘렀습니다. 이제는 스스로 말해줄 수 있을 것 같습니다.

"미안하다고. 고맙다고. 사랑한다고."

과거 우리의 전통사회에서는 말을 적게 하거나 표현을 자제하는 것을 군자의 덕목으로 꼽았습니다. 공(公)과 사(私)를 구별하지 못하고 사적인 주장을 내세우는 것은 엄격하게 지탄받았고, 그래서 개인적인 감정이나 입장은 감추거나 완곡하게, 은유적으로 표현해야 했습니다.

심지어는 그렇게 간접적으로 표현해도 바로 알아듣기를 바라는 '이심전심'(以心傳心) 문화가 보편적이었습니다. 또한 오랜 시간 많은 것을 공유하고 공감해온 관계를 전제로 소통하기 때문에 서로 알고 있다고 여겨지는 요소는 소통과정에서 생략될 때가 많습니다.

그러나 최근 '이심전심' 문화를 바탕으로 한 한국인의 언어습관이 의사소통을 불투명하고 불확실하게 만든다는 지적이 많습니다. 다양한 차이, 그리고 다름을 인정하는 다원화 시대— 이런 다원화 시대는 우리에게 새로운 소통 방식을 받아들이도록 변화를 요구하고 있습니다. 이런 흐름에 발맞추어, 생략하거나 중언부언(重言復言)하지 않는, 진솔하고 객관적인 방식의 언어표현을 연습해보는 건 어떨까요?

먼저 현재 상황을 설명하고, 자신의 감정과 자신이 기대하는 바를 말합니다. 마지막으로 듣는 사람에게 부탁할 것을 전달하면 됩니다.

시험이 얼마 남지 않았구나. (상황)

많이 걱정되고 부담스럽지? (감정)

시험을 잘보면 자신감도 생기고 새로운 기회도 얻게 될 거야. (기대)

잘 준비할 수 있겠니? (부탁)

'상황 → 감정 → 기대 → 부탁'으로 이어지는 언어표현을 연습해봅시다. 물론 이 과정에서 듣는 사람에 대한 존중의 마음은 기본으로 하고요.

귀하고 소중한 나에게

그동안 네가 애쓰고 힘들었던 시간을 돌아보며,

네가 누구인지 그리고 어떻게 살아왔는지를 묻고 답할 수

있다는 것만으로도 너는 대단한 사람이야.

자신을 스스로 사랑해주고 지켜주고 있는 자신을 발견하는

순간, 이 세상에 왜 태어났는지 이해할 수 있을 거야.

누군가의 딸이자 엄마이자 아내이기 이전에

한 인간으로서 너를 알아가는 경이로운 경험을 해보자.

너에게 고마움과 사랑을 가득 담아 보낸다.

12장

세상에서
내가 찾은 것은

나는 안팎으로 시달렸다.

산동네에 가면 나더러 보통 아이가 되라 하는 기종이가 있고,

학교에 가면 나더러 특별한 아이가 되라 하는 우림이가 있다.

나는 내가 보통 아이도 특별한 아이도 아닌

박쥐 같은 아이임에 몹시 피곤했다.

특별한 아이는 욕망이고, 보통 아이는 현실이다.

여러분, 혹 알고 계신가.

이 욕망과 현실의 팽팽한 줄다리기가 바로 우리네 인생인 것이다.

© 위기철, 『아홉살 인생』 (청년사, 2001)

내가 처한 환경에 적응하고

그 환경에서 원만한 상호작용을 하려면

어떻게 해야 할까요?

세상과 내가 만나는 바로 그 지점에서

세상이 내게 요구하는 가치와 내가 스스로 지키고 싶어하는 가치를

구분하는 것이 중요합니다.

그런 작은 차이는 눈에 잘 띄지 않을 수 있으나

본질적인 차이이기 때문에

시간이 흐르고 난 후 궁극적으로는

눈에 띄는 큰 차이를 만들어내기 마련입니다.

상반된 가치 사이에서 하나를 선택해야 했을 때 고민했던 경험을 시기별로 기록해봅니다.

(예: 공부를 할까?/놀까?, 성적이 중요한가?/친구가 중요한가?, 자립/의존, 이타적 행동/이기적 행동, 가정 중심/사회활동 중심, 사회적 기준 편승/나만의 개성 주장 등)

Q. 초등 시절

Q. 중·고등 시절

Q. 청년 시절

Q. 결혼 초기

Q. 자녀 육아 및 교육 시기

Q. 현재

앞의 질문을 보며, 여러 가지 선택의 경험들을 떠올려봅니다.

Q. 내가 했던 선택 중 가장 어려웠던 선택은 무엇이었나요?

Q. 그 선택은 어떤 결과를 가져 왔나요?

Q. 만약 과거로 돌아가 다시 선택할 수 있다면 결과가 달라질 것이 있나요?
다른 선택을 하고 싶은 것이 있다면, 그 이유는 무엇인가요?

Q. 선택하고 싶었지만 포기하거나 뒤로 미루어 둔 것이 있나요?

Q. 선택을 위한 고민의 과정에서 얻은 것이 있다면 무엇인가요?

질문.3

삶이 어렵고 고단했을 때, 함께 있어준 고마운 사람들을 떠올려봅니다.

누가, 어떤 순간에 나와 함께 있어 주었나요? 고마웠던 점은 무엇인가요?

힘들었던 일	시련을 함께 해 준 사람 / 그 사람에게 고마웠던 점

질문.4

가족이나 친구가 어렵고 힘든 상황일 때, 당신은 어떻게 행동하나요?

가족이나 친구의 상황	나의 행동	내가 전하고 싶은 마음
정서적으로 불안하고 우울해 할 때		
힘없이 주저앉아 있을 때		
중요한 선택을 앞두고 있을 때		
갈등으로 힘들어 할 때		

질문.5 당신이 중요하게 여기는 가치(가치관)를 적어보세요.

고민을 거듭하며 했던 선택이 어떤 가치관으로 자리잡았나요?

Q. 나는 내 자신에 대하여

_____ 를 중요하게 생각한다.

Q. 나는 타인과의 관계에서

_____ 를 중요하게 생각한다.

Q. 나는 결혼 관계에서

_____ 를 중요하게 생각한다.

Q. 나는 부모-자식 관계에서

_____ 를 중요하게 생각한다.

Q. 나는 세상에 대하여

_____ 를 중요하게 생각한다.

탐구 활동

가치 거울 들여다보기

가치 거울	나의 가치
무관심, 외로움	사랑

Q. 오른쪽 거울 위에 이번 활동에서 찾은 당신의 가치들을 적어 넣습니다.
(예: 친구, 독립, 개성, 교육, 경험, 시련, 갈등, 가족, 성적 등)

Q. 왼쪽 가치 거울 위에는 적은 가치의 반대 의미를 적어 보세요. 단어가 주는 느낌을
생각하며 구체적으로 적어보세요.

Q. 거울에 쓴 단어에 대해 생각해보고, 가치의 의미가 좀 더 구체화되었다면
그 구체화된 내용을 써 보세요.

---

* '사랑'의 대립 단어로 '무관심'을 선택했다면, 당신의 '사랑'의 영역에는 '관심'이란 부분이 크게 자리하고 있음을 의미합니다

다양한 가치들 속에서 당신에게 가장 중요한 것은 무엇인가요? 그 가치를 대립하는 의미의 단어와 비교해보면 그 가치가 나에게 주는 의미를 더욱 구체적으로 파악할 수 있고, 내가 왜 그 가치를 중요시하는지 알 수 있습니다. 예를 들어 '사랑'의 가치를 중시할 경우, '믿음의 사랑'을 원하는지 '관심의 사랑'을 원하는지 알 수 있습니다.

에리히 프롬은 인간이 소유 개념과 연관된 효용가치와, 실존 개념과 관련된 존재가치 사이에서 혼란을 겪는다고 지적합니다. 신체적으로도, 또 사회적으로도 큰 변화를 맞게 되는 중년기는 이러한 가치기준을 재배치하기에 좋은 시기입니다. 지난 시간, 우리가 삶의 효용가치에만 지나치게 집중했다면 이제는 그 효용가치와 존재가치가 균형을 이룰 수 있게 노력해보면 어떨까요?

삶은 언제나 "어떻게 살아야 할 것인가?"를 질문합니다. 어떻게 살 것인지에 대한 답은 정해져 있지 않습니다. 그 질문에 답하기 위해 고민하는 과정에서 삶을 알아갈 뿐이지요.

내가 머뭇거렸던 순간을 돌아보고, 나의 열정을 불러일으킬 수 있는 선택이 무엇인가를 찾아볼 때 중년의 삶 속에서 당신의 가슴을 뛰게 할 무언가를 만나게 될지도 모릅니다. 나의 선택이 어떤 가치를 향하고 있는지 이해하는 것만으로도 우리의 삶은 좀 더 풍요로워질 수 있습니다.

　세상이 중요하게 여기는 가치는 고정되어 있지 않습니다. 시대가 바뀌면 시대정신을 반영하는 새로운 가치가 등장하고, 그에 따라 가치에 의미를 부여하는 방식도 바뀌게 됩니다. 하지만 세상이 뭐라고 하든 나의 가치는 내가 정할 수 있습니다. 의미 또한 내가 부여할 수 있습니다.

　나의 생각과 가치— 그 판단의 주체는 바로 '나'입니다. 아름다움, 행복, 희망과 같은 가치들은, 나의 선택과 경험에 대해 자신 스스로가 어떻게 의미를 부여하는가와 연관이 있습니다. 자신이 중요하게 생각하는 가치를, 실현이 어렵다고 포기하고 절망해버리면, 자신이 이미 성취한 것들에 대한 만족감과 삶의 의미도 함께 잃어버리게 됩니다.

　실존주의 심리학에서는 자신의 삶에서 의미를 찾지 못하는 것이, 어떤 심리적인 장애보다 더 심각한 상태라고 말합니다. 자신이 삶의 주체임을 모르고 그 주권을 행사하지 못하면, 온갖 의미 없는 것들이 마음을 어지럽히게 됩니다.

대화를 열고 마음으로 만나는 소통 도구
'이소 열기카드'를 소개합니다.

열기카드는 사람들이 자신을 좀 더 쉽게 표현하고 생각을 확장할 수 있도록 이소 인문상담에서 개발한 심리 소통 도구입니다. 81장의 익숙하고 친근한 문장을 통해 자신의 내면을 편안하게 만나보고, 인문학적 텍스트의 은유적 표현을 통해 삶에 대한 폭넓은 통찰을 얻을 수 있습니다.

열기카드로 만나는 '나, 우리, 세계'
- **내 안으로의 여행:** 미처 인식하지 못했거나 덮어두었던 내면의 울림을 찾아가는 활동
- **연상놀이:** 떠오르는 심상이 제시하는 맥락을 파악하여 현재 자신의 면면을 만나는 활동
- **그림자 만나기:** 당면한 현실 혹은 일반적인 삶의 지혜를 탐색해보는 활동

이런 순간 열기카드가 필요합니다.
- 친구가 속 얘기를 잘 안 해서 답답할 때
- 나의 역할과 꿈, 선택과 의지가 나를 혼란스럽게 할 때
- 소통하기 어려운 자녀와 대화를 시도할 때
- 서로에 대한 깊이 있는 공감과 이해를 원할 때
- 하루를 마무리하며 나의 의식을 정리하고 싶을 때
- 모임에서 깊이 있는 대화를 위한 새로운 시도를 해보고 싶을 때

구매 혹은 관련 프로그램 참여를 원하시면 이소 홈페이지(http://www.eeso.kr)를 방문해 주세요. 더욱 자세한 설명과 후기를 확인할 수 있습니다.

13장

스스로를 돌봐준 적이 있나요?

텅 빈 큰 공간에 의자가 하나 있습니다.
이럴 때 우리는 보통 모양 있는 의자만
의식하고 모양 없는 텅 빈 큰 공간을 의식하지 못합니다.
그러나 의자가 있을 수 있었던 것은
바로 텅 빈 큰 공간이 있기 때문입니다.
이와 비슷하게 마음이라는 텅빈 공간 안에
한 생각이 모습을 나타냅니다.
이럴 때 우리는 생각만 의식하고
생각의 존재를 가능하게 했던 그 텅 빈 마음 공간을 의식하지 못합니다.
본성을 깨닫는다는 것은
나쁜 생각을 좋은 생각으로 바꾸는 것이 아니고
생각이 생겼다 사라지는
텅비고 고요한 마음 공간을 의식하는 것에서 시작합니다.

나에게

"過猶不及 과유불급"

지나친 것은 부족한 것만 못하다는 말은
풍요로움이 넘치는 지금 시대에 시사하는 바가 큽니다.

과거와는 달리 먹을 거리, 즐길 거리들이 넘쳐나지만
그것들이 모두 우리 몸에 유익한 것은 아닙니다.

유해성을 경고하는 과학적 안전 기준이 계속 제시되고 있지만,
그것은 과연 신뢰할 수 있는 수치일까요?

이미 많은 스트레스와 유해물질에 노출된
우리의 몸과 마음은 잘 작동하고 있는 걸까요?

어떤 것이 지나칠 때, 몸이 주는 신호를 잘 읽고
이를 따라가려면 어떻게 해야 할까요?

질문.1

성장과정에서 지치고 힘들었던 나를 일으켜 세웠던 나의 행동이 있나요?

시기별로 스스로에게 힘이 되었던 자신의 돌봄 행동을 찾아보고, 그 행동으로 몸과 마음이 어떻게 변했는지 적어봅니다.

시기	나를 위한 행동(돌봄)	마음 또는 몸의 변화
아동기		
청소년기		
청년기		
성인 초기		

상황별로 내 몸과 마음이 어떤 신호를 보내는지 떠올려보고, 이를 적어봅니다.

상황별 신호	몸의 신호 (몸의 긴장 정도/ 반응/변화)	마음의 신호	
		어떤 생각이 드나요?	어떤 감정이 생기나요?
좋아하는 것을 할 때			
힘들고 어려운 상황에 처해 있을 때			
현재			

질문.3 아래 예시를 참고하여 상황별로 자신이 어떤 돌봄 행동을 하고 있는지 찾아보세요.

> 예: 혼자 있는 시간을 갖는다. 사람들과 얘기를 나눈다. 잊어버리려고 시도한다. 문화생활을 한다. 관련 정보를 찾는다. 쇼핑한다. 여행을 간다. 문제를 분석한다. 명상이나 기도를 한다. 운동한다. 영양제를 먹는다. 잠을 잔다. 취미활동을 한다. 자연을 찾아간다. 멍 때린다. 다른 것에 집중한다. 적극적으로 문제를 해결하려고 한다. 도움받을 사람을 찾는다. 과거의 행복한 기억을 떠올린다. 몸을 이완한다. 상담을 받는다. 일기를 쓴다. 계획을 짠다. 화초를 가꾼다. 산책을 한다. 청소를 한다. 운다. 스스로를 위로한다. 나의 입장을 옹호할 수 있는 생각을 한다. 좋아하는 일에 몰입한다. 자기주장을 적극적으로 알린다... 등

① "지치고 힘들 때, 나는 _____ 하고,

스트레스를 많이 받을 때, 나는 _____

왜냐하면 _____ "

② "내 자존감이 상처를 받았을 때 , 나는 _____

왜냐하면 _____ "

③ "누군가 나의 경계를 침범했을 때, 나는 _____

왜냐하면 _____ "

④ "내 스스로가 장하게 느껴질 때 나는 _____

왜냐하면 _____ "

질문.4 지금까지 해온 자기돌봄 행동은 나에게 어떤 의미가 있는지 알아봅니다.

Q. 나를 돌보는 행동은 나의 삶에 어떤 영향을 끼치고 있나요?

_____

_____

Q. 어려운 상황에서 나를 회복시킨 돌봄 행동에는 어떤 것이 있었나요?

_____

_____

Q. 내가 일상적으로 하는 돌봄 행동을 구체적으로 적어봅니다.

_____

_____

Q. 현재 나의 회복과 발전을 위해 적극적인 돌봄이 필요한 상황이 있나요?
   있다면 구체적으로 써보세요.

_____

_____

질문.5 행복한 미래를 위해 내가 할 것들을 찾아봅니다.

(예: 미워하는 사람 용서하기, 탱고 배우기, 악기 배우기, 경제활동 축소, 자산 증가에 관심 가지기)

Q. 내려놓을 것

Q. 적극적으로 행동할 것

Q. 물러설 것

Q. 시도해 볼 것

몸의 신호를 알아차리고 마음 다스리기

몸의 감각변화에 집중하려면 충분한 연습이 필요합니다.

1. 몸의 감각을 알아차리는 연습

① 눈을 감고 오른팔을 귀 옆으로 올립니다.

② 올린 팔에서 느껴지는 긴장감을 느껴봅니다.

③ 팔을 편안하게 내립니다.

④ 팔을 내린 후 몸에 전해지는 이완의 느낌에 집중해 봅니다.

- 팔을 올리고 내릴 때 느껴지는 변화를 적어봅니다.
- 편안함이 느껴지는 자세를 찾아 몸과 마음의 감각에 집중해 봅니다.

2. 명상 경험하기

① 안정적이고 편안한 자세를 취합니다.

② 몸의 힘을 충분히 뺍니다.

③ 두 눈을 감습니다.

④ 편안한 느낌을 주는 장소(해변, 숲, 산, 정상, 구름 위 등)를 떠올립니다.

⑤ 잠시 그 상태에 머무르며 마음의 고요함을 느껴봅니다.

- 편안함과 몸의 이완이 느껴졌나요?
- 다양하고 구체적인 명상법들이 여러 경로로 소개되고 있습니다. 자신에게 잘 맞는 명상법을 찾아보세요.

내 마음과 몸이 보내는 신호를 감지하고 이에 대해 적절한 반응을 하는 것은 나를 돌보는 일의 첫걸음입니다. 내가 힘들 때의 신호를 알아차리고, 무의식적으로 자신을 스스로 돌본 적이 있었나요? 그것은 어떤 행동이었나요?

몸이 느끼는 감각에 주의를 기울이는 것은 자신을 돌보는 행동 중 하나입니다. 명상은 스트레스가 몸과 마음으로 보내는 신호를, 우리가 스스로 알아차리고, 몸과 마음을 자신이 원하는 상태로 조절할 수 있도록 도와줍니다. 명상의 상태에서 자신의 불안 혹은 갈등과 마주하다 보면 미처 보지 못했던 마음속 깊은 곳을 살필 수 있게 됩니다. 이 과정에서 보다 명료한 사고를 할 수 있게 되고 정서적 안정감도 느낄 수 있게 되지요. 하루에 한 번, 명상의 시간을 통해 몸과 마음의 안정을 느껴보세요.

진정한 자기돌봄은 나 자신이 스스로의 삶에 주인이 되어 살아가도록 도와줍니다. 또 삶에서 겪는 다양한 어려움을 극복하고 몸과 마음의 에너지를 회복하여 성장할 수 있도록 도와줍니다.

심리학 탐구

몸에 난 상처가 아물려면 시간이 필요합니다. 사람마다 신체조건에 따라 약의 효과 또는 회복을 위해 필요한 시간이 조금씩 다른데, 이는 회복력에 개인차가 존재하기 때문입니다.

마음도 마찬가지입니다. 같은 사건을 경험하거나 비슷한 환경에 놓여 있던 사람들도 시간이 지난 후 서로 다른 심리 상태를 보이는 경우가 많습니다. 누군가는 깊은 좌절을 경험한 후 성장하지만, 또 다른 누군가는 평생 아물지 않는 상처로 아파하기도 하죠. 어떤 요인이 이러한 회복력의 차이를 가져오는 것일까요?

사람들이 실패와 좌절의 경험으로부터 회복하는 능력을 '회복탄력성' 이라고 합니다. 이 회복탄력성에 영향을 주는 요인은 다양합니다. 원만한 대인관계, 이루고 싶은 꿈과 목표, 긍정적인 자기 정체성, 사회적 지지… 이 중에서 주목할만한 것으로 '초월적 영성'이 있습니다.

초월적 영성은 비록 지금의 삶이 미미하고 유한하더라도, 자기 자신은 영속하는 존재의 한 부분이며 초월적인 의지와도 연결되어 있다는 믿음에 기초합니다. 이러한 영성은 실패나 좌절로부터 자신의 존엄성을 지켜 주고, 눈에 보이지 않는 돌봄의 기운으로 선한 삶을 유지하게 해줍니다. 또한 자연과 통합된 무한한 우주적 속성을 이해하게 해주며, 앞선 세대에서 후세대로 이어지는 인간의 계통적 삶에 대한 가치를 추구하게도 합니다.

상담학 사전에서는 '영성'에 대해 "인간의 삶의 가장 높고 본질적인 부분이며, 진정한 자기초월을 향해 본질적으로 인간의 역동성을 통합하려는 고귀하고 높고 선한 것을 추구하는 삶의 실제"라고 정의하고 있습니다. 특정 신앙이나 종교를 떠나 보편적·실존적인 영성이 개개인의 회복력에 중요한 영향을 끼치는 것은, 어쩌면 당연한 일입니다.

14장

행복을 위한 용기

목욕을 마친 선녀들이 제각기 하늘로 돌아가는데
날개 옷을 잃어버린 선녀만 오도가도 못하고 어쩔 줄을 몰랐다.
나무꾼은 선녀를 자기집으로 데리고 왔다.
나무꾼과 선녀는 아들딸 셋을 낳고 잘 살았다.
어느날 선녀가 날개옷을 그리워하며 눈물을 보였다.
이 모습을 지켜보던 나무꾼은 마음이 아파
한번만 입어보라며 날개옷을 가져다 주었고
옷을 몸에 걸친 선녀는 양팔에 아이를 하나씩 안고
남은 아이는 다리 사이에 끼우고는
하늘나라로 두둥실 날아가 버렸다.
아내를 잃은 슬픔에 하늘만 보던 나무꾼은
사슴의 도움으로 두레박을 타고 하늘로 올라가
다시 선녀를 만나 하늘에서 행복한 나날을 보냈다.

ⓒ 고혜경, 『선녀는 왜 나무꾼을 떠났을까』(한겨레출판, 2006)

나에게

〈선녀와 나무꾼〉 이야기 속의 선녀는
자신의 날개옷을 잊지 않았습니다.
날개옷을 되찾는 것을 포기하지도 않았지요.
여기서 날개옷은 엄마의 잠재된 정체성을
의미하는 것으로 해석해 볼 수 있습니다.

날개옷을 되찾은 선녀는
천상으로 돌아갈 수 있게 됩니다.
본래 자신이 속해있던 세계로 되돌아가려하는
태생적 기질은 어디로 나를 이끌어 갈까요?

강물을 거슬러 올라가는 연어처럼,
우리의 유전자 속에는 나침반 같은 것이 새겨져 있는 걸까요?
나의 정체성에 대해 알려주는 단서들을 따라
본래의 나를 찾아볼까요?

질문.1 내가 행복했던 순간에 느꼈던 다양한 감각을 떠올려봅니다.

행복을 느꼈던 순간에 보았던 풍경, 온도, 맡았던 냄새, 느꼈던 감촉, 들렸던 소리 등을 떠올려보세요.

Q. 즐거운 순간

....

Q. 신나는 순간

....

Q. 감사한 순간

....

Q. 뿌듯한 순간

....

Q. 평화로운 순간

....

Q. 행복했던 순간에 느꼈던 감각들을 떠올리며 문장을 완성해봅니다.

"내 삶에서 만난 행복은   다."

지금까지 했던 활동들을 떠올려보며 나의 행복 요소들을 찾아봅니다.

Q. 나의 행복을 위해 중요한 요소들

❶ 활동영역 :

❷ 개인성향 :

❸ 관계적 요소 :

❹ 주변 환경 :

❺ 그 외 :

미래의 행복을 위해 어떤 것을 준비해야 할까요?

나의 행복요소들을 생각하며 물질적인 것, 정신적인 것, 주위 사람들과 함께해야 할 것 등 다양하게 적어봅니다.

❶

❷

❸

❹

❺

질문.4

새로운 행복을 찾기 위한 미래 계획표를 만들어 봅니다.

시기	나의 계획
오늘	
일주일 내	
한 달 내	
6개월 내	
1년 내	
5년 내	
10년 내	

질문.5

10년 후의 내가 지금의 나에게 하고 싶은 이야기를 편지로 써 보세요.

10년 후, 원하던 것을 이룬 내가 지금의 나에게 지나온 10년에 대해 이야기해주는 편지를 써봅니다.

10년 전의   에게

_____

_____

_____

_____

_____

_____

_____

_____

_____

_____

_____

_____

_____

탐구 활동

행복나무 키우기

아래 나무의 열매에 다양한 행복을 써넣어 보세요.

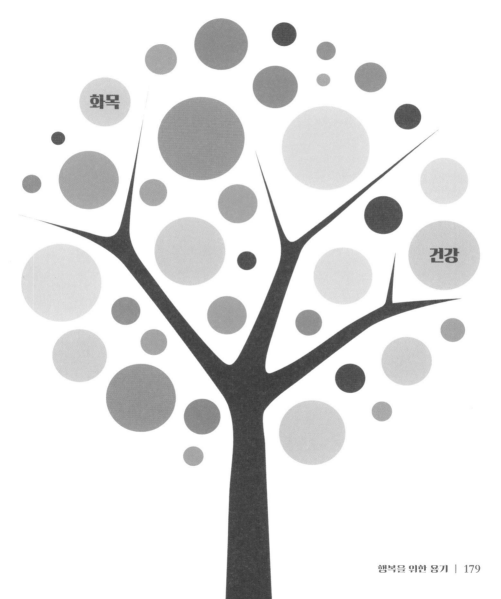

화목

건강

세상을 피상적으로 이해하는 것은 진정한 행복을 추구하는 데에 방해가 됩니다. 복잡한 퍼즐을 맞춰 나가듯, 끈기와 집중력을 가지고 세상과 자기 자신을 연결해보며 자기 본연의 모습을 찾아가 보세요.

지치고 무뎌져있던 감성을 깨우고 삶이 우리에게 던지는 질문들을 따라가며 영혼의 메시지를 듣는 순간, 당신은 세상과 하나로 연결되는 경험을 할 수 있게 될 것입니다.

자기 초월적이고 사색적인 삶을 사는 당신의 미래는 균형잡히고 충만한 순간들로 채워질 것이며, 그런 당신의 모습은 다음 세대에게 또 다른 희망이 될 것입니다.

행복하다고 느꼈던 순간을 천천히 되새겨보며 그 순간을 구체적으로 그려보면, 같은 조건에서도 개인의 사고방식이나 가치관에 따라 각자 행복을 느끼는 정도는 다르다는 것을 알 수 있습니다. 즐거운 마음으로 소중한 사람들과 함께하는 풍요로운 삶을 계획해보세요. 행복한 삶은 내가 나의 행복을 위해 적극적으로 행동하고 나아갈 때 이루어집니다.

심리학 탐구

스위스의 심리학자 칼 융은 다양한 신화와 민담을 중심으로 인류가 가진 집단 무의식을 연구했습니다. 수많은 신화를 연구하며 그는 스스로에게 어떤 신화 속에서 살고 있는지 묻게 되었고, 기존의 신화에서는 발견할 수 없는 '자신만의 신화'가 따로 있음을 깨달았다고 합니다.

자신만의 신화는 다른 사람들이 만들어놓은 고정된 틀 안에 존재하지 않습니다. 자신의 신화는 스스로가 창조하는 것입니다. 우리가 은유와 상징을 통해 내밀한 메시지를 담고 있는 '나만의 신화'를 완성하게 되면, 직관적으로 자신만의 신화를 따를 수 있게 됩니다. 비록 그것이 다른 사람들의 눈에 보이는 행복이나 자유를 보장하는 것은 아닐지라도요.

그 과정에서 만나는 삶의 다양한 에피소드들이 가진 맥락에 대한 해석이 필요할 때 우리는 인문학 텍스트의 도움을 받을 수 있습니다. 영혼의 울림 속에서 드러나는 고유한, 그리고 특별한 스토리를 만나면 삶의 의미를 재발견하게 됩니다. 한 생애에 걸쳐 일어나는 우연과 필연의 그물망을 헤쳐나가며 당신만의 신화를 찾아가 보세요.

- 이소 운영 프로그램 소개 -

마지막 장까지 얼마 남지 않았습니다. 모든 탐구생활을 마친 후 추가적인 상담을 원하시면 이소에서 운영하는 다양한 심리 프로그램에 참여하세요!

[청소년·청년/학생 심리 프로그램]
- **자기 만남** : 나를 만나보는 시간
- **자기 대화** : 나다움의 의미를 묻다
- **자기 비전** : 자율적, 능동적 비전 탐색

  - 자신에 대한 성찰, 주변 환경 및 관계에 대한 이해 높이기
  - 긍정적 자아상 세우기
  - 주변의 스트레스 요인들 인지하기
  - 적극적, 주도적인 학업습관 및 인간관계 만들기

[중년/부모 심리 프로그램]
- **나의 노래** : 자녀, 부모 간의 소통
- **나의 협주곡** : 자기성찰, 진정한 나의 모습
- **봄의 왈츠** : 부부, 서로에 대한 이해와 수용

[진로 입시 프로그램]
- **진로 디자인(중1-대학생)** : 자기돌봄 기반의 진로 디자인

  - 1단계: 조망 – 4주, 인식
  - 2단계: 자기 이해 – 8주, 경험
  - 3단계: 진로 목표 – 5주, 개인별 구체화
  - 4단계: 진로 활동 – 00주. 실행
  - 5단계: 마무리 – 1주, 성장 점검 및 다짐

- **고교 생존(중2-고2)** : 진로적성진단, 입시컨설팅, 학습코칭, 학습심리상담, 과목별 전문 수업을 하나로 통합하여 자기주도적 학습법 실현; 고교생활 및 입시 준비를 위한 1:1 집중 돌봄
- **입시 성공(입시생)** : 성공적 대학 진학을 위한 마음안정, 학습, 입시 통합관리

15장

나를 위해 부르는 노래

깨어있는 행동은
당신을 통해 의식이 세상 속으로 흘러 들어오게 한다.
그리고 의식은 당신의 생각 속으로 흘러 들어와
영감을 불어 넣고 당신의 삶을 우주의 창조적 힘과 연결되게 한다.
…
깨어있는 행동의 3가지 방식은
받아들임, 즐거움, 열정이다.
각각은 의식의 특정한 진동 주파수를 대표한다.
가장 단순한 일부터 매우 복잡한 일까지
당신이 어떤 행동을 할 때마다 그 셋 중 하나가 작동하도록
특별히 깨어 있어야 한다.
만일 그 어느 상태에도 있지 않다면
당신은 자기 자신과 다른 사람들에게
고통을 안겨주고 있음을 발견할 것이다.

ⓒ 에크하르트 톨레, 『삶으로 다시 떠오르기』 (연금술사, 2013)

'나잇값'이라는 말을 사용할 때 사람들은 무슨 생각을 할까요?

중년에게 그 단어를 쓸 때는 어떤 모습을 기대하는 것일까요?

공자는 50의 나이를 지천명(知天命)이라고 했습니다.

"하늘의 뜻을 안다."는 것이

어느 한 순간의 깨달음만을 의미하는 것은 아닐 것입니다.

지나온 삶의 궤도를 읽고,

앞날에 대한 선택의 방향을 이해함으로써

자신의 길을 열어가는,

그 모든 과정을 일컫는 말일 것입니다.

이제 마음 탐구생활 안에서 발견한

자기다움의 모습을 정리해보면서

스스로에게 감사의 마음을 전해보면 좋겠습니다.

마음 탐구생활을 통해 새롭게 발견한 나의 모습에는 어떤 것이 있나요?

Q. 새롭게 발견한 나의 과거 모습은 무엇인가요?

Q. 현재 나의 모습에서 새로운 면을 발견했나요? 그것은 무엇인가요?

Q. 내가 어떤 인간관계를 원하는지 알게 되었나요?

Q. 내가 추구하는 가치가 명료해졌나요?

Q. 내 스스로에 대한 돌봄 행동이 만족스러운가요?

Q. 내가 바라는 행복은 어떤 것인가요?

Q. 나의 미래가 구체적으로 그려졌나요?

마음 탐구생활을 하면서 알게된 나를 다양하게 표현해주세요.

나의 정서와 행동, 관계의 특성, 신념이나 가치관, 습관이나 목표, 환경과 적응 방식에 따라 시기별로 나를 대표할 수 있는 수식어를 찾아봅니다.

과거의 나	현재의 나	미래의 나
나는	나는	나는
_____	_____	_____
아이였어	어른이야	사람이 되고 싶어

앞에서 만난 과거, 현재, 미래의 내 모습을
떠올리며, 내가 품고 있는 바람을 찾아봅니다.

질문.3

"과거의 나는 ————————————————— 바람을

품고 있었구나! "

"현재의 나는 ————————————————— 바람을

간직하고 있지. "

"미래의 나는 ————————————————— 바람을

이루어 내고 있을 거야."

"나의 바람과 지향점은, —————————————————

————————————————— 이다."

나의 바람을 담은 버킷리스트 작성하기

질문.4 나의 바람을 다시 확인하면서 새로운 꿈을 꾸어보아요.

Q. 나의 목표를 위한 버킷리스트 작성하기

❶ _____ ☐

❷ _____ ☐

❸ _____ ☐

❹ _____ ☐

❺ _____ ☐

❻ _____ ☐

❼ _____ ☐

질문.5 원하는 삶을 살고 있는 자신의 모습을
떠올려봅니다.

예) 나는 사랑하고 사랑받는 사람이야
나는 정말 괜찮은 사람이야
나는 내 자신이 소중하고 감사해
나는 내 자신이 자랑스러워
나는 자신감이 있어
나는 긍정적인 선택을 할거야
나는 나를 존중하고 존경해
나는 꽤 매력적이야
나는 내가 선택한대로 무엇이든 할 수 있어
나는 점점 더 나아지고 있어
나는 충분히 행복할 자격이 있는 사람이야
나는 나에게 더 친절하고 다정하게 대해줄 수 있어
나는 사려깊어
나는 두려움을 극복하고 변화를 시도할 수 있어

Q. 예시를 참고하여 자신에게 힘이 되는 응원의 글을 선물해봅시다.

탐구 활동

'자기사명서'에 인생 목표와 꿈을 적어보기

마음탐구생활을 마치며 내가 무엇을 원하는지, 어떤 사람이 되고 싶은지 생각해봅니다.

자기사명서

나 , _____ 는 (은)

_____ 사람이 될 것이다.

그러기 위해서 나는

_____

_____

_____

할 것을 나에게 약속한다.

년   월   일

서명 _____

---

* 구체적으로 계획을 세우면, 성취하고자 하는 인생 목표와 꿈에 더 가까이 갈 수 있습니다.

오래된 맛집은 긴 세월 동안 쌓아온 경험과 노하우를 바탕으로 남들이 쉽게 넘볼 수 없는 '원조'가 됩니다. 탁월한 가치를 만들어내며 끈기 있게 버티는 장인 정신은 우리에게 감동을 주기도 합니다. 새로운 시작은 언제나 미숙하고 어설프기 마련이지만, 자신을 가다듬는 긴 시간을 거치면 완성도가 높아집니다. 그 긴 시간 동안 소중한 것을 지키고 키워가는 끈기도 배우게 되지요. 중년기 성인의 모습에서는 맛집의 장인처럼 시간을 이겨낸 내공이 느껴집니다. 또한, 그들이 보여주는 안정감은 사람들에게 신뢰를 줍니다.

사람들은 행복해지기 위해, 자신이 당면한 문제를 해결해 줄 누군가를 찾으려고 합니다. 하지만 사실 나의 현실에서, 내 문제를 나보다 더 잘 해결할 수 있는 사람은 없습니다. 지금까지의 삶에서 내가 무엇을 지키기 위해 최선을 다했는지 생각해보세요. 그 속에서 '나다운 삶'의 의미를 발견하고, 자신만의 신화를 완성해나간다면 이제부터 과거와는 다른 새로운 인생이 펼쳐질 것입니다.

마음 탐구생활을 하는 과정에서 발견하게 된 나만의 고유성은 무엇인가요? 수많은 질문이 가리키는 내 안의 보물은 무엇인가요? 숨겨져 있던 나만의 진정한 모습을, 이제 내 소중한 사람들에게도 알려주세요. 나에게 남겨진 시간의 주인은 바로 나 자신입니다.

심리학 탐구

과거 우리의 삶에 영향을 끼치던 혈연공동체나 산업자본주의적 조직체계가 그 기능을 다하고, 그동안 생존에 집중하느라 뒤로 미루어두었던 문제들이 하나둘씩 드러나면서 사회 전체가 새로운 전환기를 맞고 있습니다. 특히 공적 가치를 중요시하는 사회적 역할 중심의 사회에서, 사적인 삶과 가치가 우선시되고 상대성, 다양성, 주체성을 존중하는 사회로 전환되고 있는 것은 그 주요 변화 중 하나입니다.

시대가 변하면서 공적 영역에서 규범화되었던 개인의 성장 모델은 점점 힘을 잃어가고, 이제는 구성원 각자가 자신이 가진 사적 가치를 조율하여 자신만의 성장 모델을 찾으려는 경향이 강해지고 있습니다.

지금의 전환기를 거쳐 앞으로 도래할 시대는 어떤 모습을 하고 있을까요? 아마도 혈연주의나 전체주의보다는 유연하고 수평적이며 개별성이 존중되는 공동체 형태로 예상됩니다. 이러한 공동체는 평화적이고 생태적인 인류보편적 가치를 기반으로 삼을 것이고, 공동체 내에서 보편성과 개별성을 아우르는 자신만의 가치는 더욱 중요시될 것입니다. 우리는 지속적인 자기성찰로 '자기다움'을 끊임없이 찾아가며 우리의 다음 세대와 함께 미래를 만들어나가야 합니다.

마음 탐구생활을 마친 소감이 어떠신가요?

네이버 밴드에 후기 또는 자기사명서를 올려주세요.
다른 독자들과 교류하며 고민과 생각을 나눌 수 있습니다.

QR코드로 네이버 밴드에
간편하게 접속하세요!

엄마 마음 탐구생활

1판 1쇄 발행 2020년 4월 9일

저　　자 | 이소 인문상담소(김성연, 김지향, 정춘화, 이철승)
발 행 인 | 김길수
발 행 처 | ㈜영진닷컴
주　　소 | 서울특별시 금천구 가산디지털2로 123 월드메르디앙벤처센터 2차
　　　　　　10층 1016호
등　　록 | 2007. 4. 27. 제16-4189호

ISBN 978-89-314-6168-8
전재 및 무단 복제를 금합니다.